Konrad
Ganzenmu

ller

**Erklärung geographischer Namen**

Nebst Anleitung zur richtigen Aussprache

Konrad Ganzenmüller

**Erklärung geographischer Namen**
*Nebst Anleitung zur richtigen Aussprache*

ISBN/EAN: 9783743481169

Hergestellt in Europa, USA, Kanada, Australien, Japan

Cover: Foto ©Paul-Georg Meister /pixelio.de

Manufactured and distributed by brebook publishing software (www.brebook.com)

Konrad Ganzenmüller

**Erklärung geographischer Namen**

¯ = Vokal lang. ′ = Vokal kurz, betont. ˇ = Vokal kurz, unbetont.
Bădĕn. Héssĕn. Bĕrlīn.
* ˇ = Vokal lang, aber ohne Accent: Mohacs (móhātsch).

Griechisches Alphabet.

α β γ δ ε ζ η ϑ ι κ λ μ ν ξ ο π ρ σ-ς τ υ φ χ ψ ω
a b g d é z e th i k l m n x ó p r f-s t y ph ch ps ō
Α Β Γ Δ Ε Ζ Η Θ Ι Κ Λ Μ Ν Ξ Ο Π Ρ Σ Τ Υ Φ Χ Ψ Ω
A B G D E Z E Th I K L M N X O P R S T Y Ph Ch Ps O

αι = ai: αἶξ (aix), Ziege; αυ = au: ναῦς (naus), Schiff;
ει = ei: φυτεία (phyteia), Pflanzung; ευ = eu: λευκός (leukós),
weiß; οι = oi: κοῖλος (koilos), hohl; ου = u: βοῦς (būs), Ochs:
— γγ = n-g: στρογγύλλος (strongýllos), rund; γκ = nk: ἀγκών
(ankōn), Ellbogen.

′ = scharfer Ton: μέγας (mégas), groß; ‛ = scharfer Ton, gedämpft:
ζῳδικὸς κύκλος (zōdikos kýklos), Tierkreis; ῀ = gedehnter Ton: νῆσος
(nēsos), Insel; ‛ = h: ἥμισυς (hémisys), halb; ’ ist unhörbar.

Ἅγιος (hágios), heilig; βάλλειν (bállein), werfen; γῆ (gē),
Erde; δρέπανον (drépanon), Sichel; ἑσπέρα (hespéra), Abend;
ζώνη (zōne), Gürtel; ἤπειρος (épeiros), Festland; ϑερμός
(thermós), warm; ἰσϑμός (isthmós), Landenge; κύκλος (kýklos),
Kreis; λάμπειν (lámpein), leuchten; μέλας (mélas), schwarz;
νομάς (nomás), Hirte; ξύλον (xýlon), Holz; ὄρος (óros), Berg;
πόλις (pólis), Stadt; ῥόδον (rhódon), Rose; σφαῖρα (sphaira), Kugel;
τόπος (tópos), Ort; ὕδωρ (hýdor), Wasser; φύσις (phýsis), Natur;
χαλκός (chalkós), Erz; ψάμμος (psámmos), Sand; ὠκεανός
(ōkeanós), Weltmeer.

Ἀλεξάνδρεια, Βυζάντιον, Γόρδιον, Δρέπανον,
Ἑλλάς, Ζάγκλη, Ἡράκλεια, Θερμοπύλαι, Ἴμβρος,
Καισάρεια, Λεῦκτρα, Μυτιλήνη, Νεμέα, (Ξέρξης),
Ὀλυμπία, Πελοπόννησος, Ῥόδος, Σαλαμίς, Τριναχρία, Ὑδάσπης, Φάρσαλος, Χίος, (Ψαμμήτιχος), Ὦξος.

1*

**Geographische Namen prägen sich leicht dem Gedächtnis ein, wenn deren Bedeutung bekannt ist; nicht alle, aber viele von ihnen lassen sich erklären.**

Das Wort Geographie stammt aus der griechischen Sprache; $γῆ$ = Erde, $γράφειν$ = schreiben: **Geographie = Erdbeschreibung.**

Die Erde ist (nahezu) eine Kugel oder eine $σφαῖρα$ (lateinisch: sphaera), $ἡμι$- = halb. Man unterscheidet zwei **Halbkugeln** und spricht von der östlichen und westlichen, von der nördlichen und südlichen **Hemisphäre.** — Im Lateinischen heißt Kugel globus; planus = eben oder platt. Die Erde wird im kleinen in Kugelgestalt im **Globus** nachgebildet, und die beiden Hemisphären werden auf Papier durch zwei **Plattkugeln** oder **Planiglobien** dargestellt.

In der ältesten Zeit unterschied man eine Morgen- und eine Abendhälfte der Erde; assa (assyrisch) = Aufgang (der Sonne): **Asien = Land des Sonnenaufgangs**, oder Morgenland; — ereb (phönizisch) = Dunkel oder Sonnenuntergang; darnach wurde der „westliche Teil der Erde" **Europa** oder **Land des Sonnenuntergangs** oder Abendland genannt.

# Europa.
## Balkan=Halbinsel
### (und Rumänien).

**Griechisch:** $πόντος$ (lateinisch pontus) = Meer, $πόρος$ = Durchgang, Furt, $νῆσος$ = Insel, $χερσόνησος$ (chersonesus) = Halbinsel, $ἤπειρος$ = Festland, $ἰσθμός$ = (Hals), Landenge, $πάγος$ = Hügel, $ποταμός$ (Plur. $ποταμοί$) = Fluß; — $πόλις$ = Stadt, $πύλη$ (und Plur. $πύλαι$) = Thor, ($φύτον$ = das Gewachsene), $φυτεία$ = Pflanzung; — ($Ἄρης$ = Gott des Kriegs), $ἄρειος$ = von Ares herrührend, $Ἄρτεμις$ = Göttin Diana; — $κύων$ (Genit. $κυνός$) = Hund, $βοῦς$ (Genit. $βοός$) = Ochs ($ἡ βοῦς$ = die Kuh), $αἴξ$ (Genit. $αἰγός$) = Ziege; — $οἶνος$

= **Wein**, χαλκός = **Erz** (Kupfer); κεφαλή (Plur. κεφαλαί) = **Kopf**, κύκλος (cyclus) = **Kreis, Umkreis;** — μέγας (μεγάλη, μέγα) = **groß**, θερμός = **warm**, ἄξεινος = **unwirtlich**', εὔξεινος = **gastlich**; — ἡ (Plur. αἱ) = **die;** — πρό = **vor**, ἀμφί = **ringsum, von allen Seiten.**

Der frühere Name für das schwarze Meer Πόντος ἄξεινος, das unwirtliche Meer, wurde in Πόντος εὔξεινος, **Pontus Euxinus, das gastliche Meer,** umgewandelt, nachdem die Griechen an der Küste desselben viele Kolonien gegründet hatten; **Bosporus** = **Ochsenfurt** (Kuhfurt); die fabelhafte Jo soll, in eine Kuh verwandelt, einst hier durchgekommen sein; **Propontis** = **Vormeer** (sowohl zum schwarzen, als zum ägäischen Meer); **Hellespont** = **Meer der Helle** (welche der Sage nach hier in das Wasser fiel und ertrank). — **Kykladen** (Cycladen) = **Kreisinseln,** Ringinseln (dieselben liegen rings um die einst „heilige Insel Delos" her). — Der **thrakische Chersones** = die **thrakische Halbinsel** im Gegensatz zum taurischen Chersones (der jetzigen Halbinsel Krim); **Peloponnes** = **Insel des Pelops** (welcher der Sage nach von Asien eingewandert ist); **Epirus** = **Festland** (im Gegensatz zu den in der Nähe gelegenen Inseln). — **Vorgebirge Artemisium** = **Vorgebirge mit einem Tempel der** (Göttin) **Diana.** — **Kynoskephalä** = **Hundsköpfe** (nach der vermeintlichen Gestalt der Hügel benannt Schlacht 197 v. Chr.); **Areopag** (Ἄρειος πάγος) = **Areshügel** (in Athen; Ares soll hier zuerst Gericht gehalten haben. Es hielt daselbst der den gleichen Namen führende höchste Gerichtshof Athens seine Sitzungen). — **Thermopylä** = **Warmquellenthor. Aigospotamoi** = **Ziegenflüsse** (Schlacht 405 v. Chr.). **Isthmus** = **Landenge** (von Korinth).

**Constantinopel** = **Constantins Stadt** (Constantin der Große verlegte 330 n. Chr. seine Residenz hierher); **Adrianopel** = **Stadt des Hadrian** (des 117—138 n. Chr. regierenden römischen Kaisers); **Philippopel** = **Philipps Stadt** (der Gründer war König Philipp II. von Macedonien, 359—336 v. Chr.); **Megalopolis** (ἡ μεγάλη πόλις) = **Großstadt. Amphipolis** erhielt diesen Namen, weil es nahezu **auf allen Seiten** vom dem Kaiser Heracleus im siebten Jahrhundert an der Donau gegründete Stadt, jetzt **Nicopoli** (in Bulgarien).

**Neugriechisch:** κάβος (káwos) = Vorgebirge, ὄρος = Berg, ποτάμι (ποταμός) = Fluß, κάστρον = Stadt, κολόνα, Plur. κολόναι (kolónä) = Säule, γλῶσσα = Zunge; — μεγάλος (μεγάλη, μεγάλον) = groß, ἄσπρος = weiß, νέος = neu, ἅγιος = heilig.

(*Κάβο Κολόναι*), **Kap Kolonäs** (früher Kap Sunium) = Säulenkap (auf dem höchsten Teil dieses Landvorsprungs sind noch dreizehn Säulen des früheren Athene-Tempels erhalten); **Kap Glossa** = Zungen- (förmiges) **Vorgebirge** (Akrokeraunia des Altertums). Der Athos heißt jetzt **Hagion Oros** = Heiliger Berg. **Aspropotamo** = Weißer Fluß (früher Achelous).

**Megalokastron** = Großstadt (auf der Insel Candia, jetzt Kreta); **Neokastron** = Neustadt (neugriechischer Name der Hafenstadt Navarino).

Μέτωπον = Stirne, darnach: **Kap Matapan**.

**Lateinisch:** mármora = Marmor; nach **Marmor-Brüchen** ist die Insel Marmora (türkisch **Marmara**) und nach dieser das **Marmara-Meer** benannt; palatium = Residenz des Landesherrn: **Spalato** = Residenzstadt.

**Italienisch:** mónte = Berg, fiume = Fluß; — negro = schwarz, sánto = heilig.

Der Athos (Hagion Oros) heißt auch **Monte Santo** = Heiliger Berg; **Montenegro** = Schwarzer Berg (schwarz bedeutet hier felsig, unfruchtbar). **Fiume** = (Ort am) Fluß (nach einem bei der Stadt mündenden kleinen Küstenfluß so benannt).

Língua = Zunge, linguétta = kleine Zunge; darnach **Kap Linguetta** (italienisch für: Kap Glossa).

**Slavisch:** góra = Berg, grad = Burg, bazár (ursprünglich persisch) = Markthalle, Markt, wérba = Weidenbaum; — bel, bélny = weiß, tschérny (Fem. tschérna) = schwarz, nóvi = neu, bístry = schnell.

Bistritza, nach neugriechischer Aussprache: **Wistritza** = Die Schnellfließende; **Werbas** = Weidenbach. — Das Fürstentum Montenegro heißt slavisch **Tschernagora = Schwarzer Berg**.

**Belgrad = Weißenburg, Novibazar** = (etwa) **Neumarkt.**
Trn = Dorn: **Tirnowa** = **Dornstadt.**

**Türkisch**: balkān = Gebirge, dagh = Gebirge, su = Fluß, seráï (serail) = Palast, Residenz; monastır = Kloster; — kara = schwarz, yassi (jáschi) = eben, flach. **Balkan = Gebirge**, darnach: **Balkan-Halbinsel; Karadagh = Schwarzes Gebirge. Karasu = Schwarzer Fluß** (im Altertum: Nestus).

Der Palast des Sultans in Constantinopel heißt Serai (oder Serail); nahe der Quelle der Bosna gründeten die Türken Bosna Serai = die **bosnische Residenz,** jetzt **Serajewo.** Die Stadt Bitolia wird von den Türken **Monastir = Kloster** genannt. **Jassy** (in der Moldau) = (Ort in der) **Ebene.**

**Althochdeutsch**: walach = Ausländer, Romane, daher: **Walachei = Land der Ausländer,** der Walachen oder Romanen.

Der Balkan hieß früher **Hämus** daher: **Hämus-Halbinsel.** Rumili **Rumelien = Land der Rumeler** (wie die Türken die hier besonders zahlreich wohnenden Griechen nannten). Romāni, **Rumänen = Römer** (ihre Sprache ist eine romanische). **Rumänien = Land der Römer** oder **Rumänen** (im zweiten und dritten Jahrhundert n. Chr. wanderten hier viele Römer ein und romanisirten die ursprünglichen Bewohner).

**Aussprache** (Betonung): Bósporus, Mármara-Meer; Insel Antíparos, Antípaxos, Corīgo, Corfū, Mýkonos, Santorīni, Sphactéria (jetzt Sphagía), Ténedos, Thāsos, Thēra, Zákynthos (jetzt Zákyntho), lateinisch Zacýnthus, italienisch Zánte; — Kap Matapán (im Altertum: Tänarum). — Rhodŏpē-Gebirge, Taýgetos, Dórmitor, Parnáss, Pentélikon; — Aspropótamo, Karasū, Kīlïa, Maritza, Mórawa, Rufïa, Salamvrïā, Sūlïna, Wardār, Wistrítza; — Herzegōwïna, Rūmili; — Antivari, Bedutschāni, Brāyla, Búkarest (rumänisch: Búkureschti), Burgás, Cáttaro, Gālata, Galátz, Gallipoli, Hermūpŏlis, Jānïna, Jassy (jáschi), Kesanlík, Köstendsche, Korōn, Kragūjĕwatz, Lamía, Marathonísi, Megalókastron, Métzowo, Missolúnghi, Monembasía, Mostár, Naupăctos (neugriechisch Épacto, italienisch Lépanto), Navarīno (oder Nĕókastron), Orfāni, Patrás, Podgorítza, Plojéschti, Priséndi,

Rustschúk, Salonīki, Serājĕwo, Sēres, Skūtări, Slīwen Söfia, Spālato, TerápYa, Tírnowa, Tripolítza, Zitūni.

## Italien.

Das richtige Aussprechen der **italienischen** Namen ist sehr leicht zu erlernen.

Zwei nebeneinanderstehende Vokale werden etwas getrennt ausgesprochen: AYrōlo, Güǎstálla.

c lautet vor Konsonanten und vor a, o und u wie k; wenn es auch vor e und i so lauten soll, wird vor e und i ein h gesetzt, das nicht gelesen wird (das stumm ist): **che = ke, chi = ki; — c** lautet vor e und i wie tsch; soll es auch vor a, o und u diesen Laut haben, so fügt man (als „Lesezeichen") ein i ein: **cia = tschа, cio = tscho, ciu = tschu.** — Gerade so ist es bei g, welches den weichen Gaumenlaut g (wie in Gold) und den weichen Quetschlaut dsch bezeichnet; daher:

**k:** ca, che, chi, co, cu; — **tsch:** cia, ce, ci, cio, ciu;
**g:** ga, ghe, ghi, go, gu; — **dsch:** gia, ge, gi, gio, giu.
**gl** = lj (wie in Postillon); **gn** = nj (wie in Compagnon), **sc** vor e und i = sch; **v** = w.

Darnach ist es leicht, richtig auszusprechen: Crēmōna, Insel Caprūja, Caprēra, Cāpri, Cărrāra, Cǎsāle, PolYcástro, Bocchétta-Paß, Insel Chérso (österreichisch), Insel IschYa, ChYāna, ChYāve, ChYăvénna, ChYēti, ChYūsi, PeschYēra, CōmácchYo, Cōmo, Cŭstózza; Bréscia, Fluß Tōce, See von Celāno, Lécce, Vercélli, PYăcénza, VYcénza, Insel PrōcYda, Kap CYrcéllo, Mónte CYmöne, TYcīno, AcYrĕāle, CívYta VécchYa, PórtYci, Straße von BonYfācio, Míncio, Ajáccio; — **g:** Gran Sásso (d'ItālYa), Mónte Gargāno, Ghétto (Stadtteil), Insel Gózzo, Lāgo di Cōmo, ChYóggia, Fóggia, Pĕrūgia; Gennărgéntu, ÄdYge, Măgénta, GYrgénti. Lāgo Maggiōre, Bĕlággio, Castrogiŏvánni, Cŏrréggio, Réggio.

**gl:** Insel Véglia (österreichisch), GarYglYāno, ÓglYo, TaglYăménto, CáglYări, SinYgáglYa, TaglYăcózzo; — **gn:** Campágna di Rōma, Garfăgnāna, Romágna; Bológna, Legnāgo, Legnāno, Pignĕrōlo, Rovígno (österreichisch); — **sc:** (Der Glutwind) SeYrócco, Scílla. — **v:** Kap SpartYvénto, Fluß PYāve, Vĕlīno, Vŏltúrno; Bĕnĕvénto, La Valétta, Livórno, Rīvŏli, Terrănōva, Trĕvīso, Vĕllétri, Verōna, Vitérbo, Voltérra.

**Betonung:** Insel PantellārYa, Strómboli; Kap Pássaro; Abrúzzi (Abruzzen), Mónti del Monfĕrrāto, Asprŏmónte; — Dōra Báltĕa, Dōra Rīpĕra (oder Ripārya), Himera (īmĕra),

Isónzo, Ofánto, Panūro, Sēsĭa, Sīlŭro, Tānŭro; Isēŏ-See;
Capitănāta, Molīse, Toscāna; Acqui (áckŭĭ), Albāno, Alessándrĭa, Amálfi, Āquĭla, Árcŏle, Arpīno, Barlétta, Bérgămo, Bríndisi, Camáldoli, Caltanisétta, Cūnĕo, Dōmo
d'Óssŏla, Fĭrénze (Florenz), Găeta, Gallípoli, lvrĕă, Lorēto,
Marsāla, Mŏděna, Mónaco, Monópoli, Monteflăscōne,
Otránto, Pādŭa, Pistója, Pórto Ferrājo, Pozzŭōli, Rimĭni,
Salérno, San Rēmo, Sássări, Sĭēna, Solferīno, Spēzĭa,
Spolēto, Sūsa, Tăŏrmīna, Tárănto, Tĭvŏli, Trāpăni, Torīno
(Turin), Udĭne, Urbīno.

**Italienisch**: ısola = Insel, rivĭēra = Ufer, Küstenland, mónte = Berg, lago = See, canāle = Kanal; —
città oder cívĭta = Stadt, vílla = Landgut, Dorf; —
pellegrīno = Pilger, (rŏvĕre = Steineiche), roverēto =
Steineichenwald, sásso = Fels, pĭétra = Stein; vénto
= Wind; (flásco = Flasche), flăscōne = große Flasche,
chĭave = Schlüssel, levánte = Osten, ponénte =
Westen; — gran, gránde = groß, maggiōre = größer,
rotóndo = rund, vécchĭo (fem. vécchĭa) = alt, nŭŏvo
= neu, áspro = rauh, malo = schlimm, schlecht,
fránco = frei, béllo = schön; — spartīre = teilen;
— di, d' (von) bezeichnet den Genitiv.
**Isola Bella** = **Schöne Insel** (im Lago Maggiore). —
**Kap Spartivento** = **Windteilendes Vorgebirge**. **Monte
Rotondo** = **Runder Berg** (auf Corsica); **Monte Nuovo** =
**Neuer Berg** (derselbe erhob sich aus dem früheren Lucriner
See, unweit Neapel, während eines Ausbruches des Vesuvs im
Jahre 1538 n. Chr.); **Monte Pellegrino** = **Pilgerberg** (unweit Palermo); **Aspromonte** = **Rauher Berg**; **Gran Sasso**
(d'Italia) = **Großer Fels** (von Italien). **Pietramala** =
**Schlimmer Stein** (beschwerlicher Paß zwischen Bologna und
Florenz). **Lago Maggiore** = **Größerer See** (Langensee); **Lago
di Como** = **See von Como**. — **Canale Grande** = **Großer
Kanal** (in Venedig).
**Riviera di Levante** = **Östliches Küstenland**; **Riviera di
Ponente** = **Westliches Küstenland** (am Golf von Genua).
— **Civita Vecchia** = **Altstadt**; **Villafranca** = **Freidorf** (süd-

lich) von Verona; Waffenstillstand 11. Juli 1859); **Chiavenna** = „**Schlüsselburg**" (beherrscht die Straße über den Splügen=Paß); **Montefiascone** = **Flaschen**=(förmiger) **Berg**; **Rovereto** (in Tirol) = **Steineichenwald**=(Ort).

**Griechisch:** ὅρμος = Hafen, πόλις = Stadt, οἶκος = Wohnung, ἄγκων = Ellbogen, ξάγκλη = Sichel, δρέπανον = Sichel; — παλαιός = alt, νέος (Fem. νέα) = neu, ἄκρος = spitzig, spitz auslaufend, στρογγύλος (Fem. στρογγύλη) = rund, μόνος = allein, einsam; — πᾶς (πᾶσα, πᾶν) = ganz, all; — (τρεῖς), τρία = drei.

Sicilien hieß früher **Trinakria** = Die Dreispitzige (Insel) nach ihrer Gestalt; Στρογγύλη, jetzt **Stromboli** = Die Runde (besteht aus einem großen kegelförmig aufsteigenden Vulkan). Μόνοικος, jetzt (Stadt und Fürstentum) **Monaco** = Einsame Wohnung, nach einem Tempel des Hercules monoecus (so beibenannt, weil er in demselben „allein wohnte", oder „allein verehrt wurde").

Panormus, jetzt **Palermo** = Allhafen (nach der weiten offenen Bucht daselbst benannt); **Zankle** = Sichelstadt (den Hafen umschließt sichelförmig eine Landzunge); nachdem viele Messenier aus dem Peloponnes eingewandert waren, bekam die Stadt den Namen Messana, jetzt: Messina; Drepanum, jetzt: **Trapani** = Sichelstadt (so benannt mit Bezug auf die Form der in das Meer vorspringenden Halbinsel). (Palaipolis hieß die „Altstadt" von) Neapolis, jetzt **Neapel** = Neustadt. — **Ancona** = Ellbogen=(Stadt), liegt an einer Ecke der Apenninenhalbinsel; syracusanische Griechen ließen sich 380 v. Chr. hier nieder.

(Φλέγειν = brennen), φλεγραῖον πεδίον = **Brandfeld**; darnach: **die phlegräischen Felder** im Westen von Neapel mit erloschenen Vulkanen und heißen Schwefelquellen; — κώμη (im äolischen Dialekt κύμη), darnach: Κύμη, **Cumae** = Dorf (älteste Ansiedlung der Griechen in Italien). Es wurde benannt zu Ehren des Ποσειδῶν (des Gottes des Meeres): Posidonia, später **Paestum**, zu Ehren des Ἡρακλῆς (Hercules): **Heraclea** (Schlacht 280 v. Chr.)

**Lateinisch:** mons = Berg (Gen. d. Plur. móntium = der Berge), cámpus = Ebene, Fläche; — cápra = Ziege, flos = **Blume** (Plur. flōres = **Blumen**), pes = **Fuß** (Ablat. b. Sing. pede = am Fuß), óstium = **Thür, Ausgang, Mündung**; evéntus = **Ausgang** (einer Sache); — bene = **gut**, male = **schlecht**; — cis = **diesseits**. Caprĕae, jetzt **Capri**, Capraria, jetzt **Caprera**, und **Capraja = Ziegeninsel**. — **Campanien** (italienisch Campania) = **Flachland**; Pedemontium, jetzt **Piemont = Am Fuße der Berge** (gelegenes Land); **Gallia cisalpina** (so hieß bei den Römern Oberitalien) = **Gallien diesseits der Alpen**. — **Ostia = Mündungsstadt** (früher an, jetzt unweit der Tibermündung gelegen). Florentiae, jetzt **Florenz = Blumenstadt**. Beneventum, **Benevent = Guter Ausgang**; das frühere Maleventum (Maluentum), erklärt als schlechter Ausgang, wurde nach dem Sieg der Römer über Pyrrhus 275 v. Chr. so benannt.

Placēre = angenehm sein, darnach: Placentia, jetzt **Placenza** = (Angenehmer), schöner Aufenthaltsort.

Die **Emilia** führt den Namen nach der via **Aemilia** (der durch den Censor Ämilius Lepidus 186 v. Chr. erbauten Römerstraße). Verschiedene Städte nannte man zu Ehren des Kaisers Augustus Augusta: Augusta Praetoria, jetzt **Aosta = Augusta** der Prätorianer (der kaiserlichen Leibwache), 25 v. Chr. gegründete Veteranen-Kolonie; Augusta Taurinorum, jetzt **Turin** = Augusta im Lande der Tauriner.

**Keltisch**: pen = **Berg, Gebirge**: **Apenninen = Gebirge**, darnach: **Apenninen-Halbinsel**.

**Arabisch**: dschebel = **Berg**. Die Sicilianer nennen den Ätna (pleonastisch) **Montegibello = Berg-Berg**.

**Etrurien** führt den Namen nach dem Volk der **Etrusker**; es hieß später Tuscien und heißt jetzt **Toscana**. **Lombardei = Land der Longobarden** (welche sich 568 n. Chr. hier niederließen). — Die (um 1170 n. Chr. gegründete) Festung **Alessandria** wurde zu Ehren des Papstes **Alexander III**. benannt.

## Pyrenäische Halbinsel.

Im **Spanischen** werden zwei nebeneinanderstehende Vokale etwas getrennt ausgesprochen: Kap Crēus, Kap de la Naŏ, Dŭēro. Pisŭérga, Cŭénca, Rĕus; — *mitunter ist jeder Vokal selbständig: Balĕāren, Pitўūsen.

Pyrenäische Halbinsel.   13

c vor Konsonanten und vor a, o und u = k: Escoryāl; —
ch = tsch: Syérra de Arōcho, La Máncha, Élche; — g vor a,
o und u = g: Segūra; — j und x, sowie g vor e und i = ch: Al-
pujárras, Jalōn, Jarāma, Jenīl, Jūcar, Tājo, Jērez de la
Frontēra; Cartagēna, Gerōna, San Gerōnymo de Yúste; —
v (und b zwischen Vokalen)=w: Kap Vāres, Syérra Nevāda, Navárra,
Ovyēdo, Segōvya, Vitórya; — Córdŏva (oder Córdŏba); —
b im Anlaut = b (sehr weich): Bilbāŏ, Biscāÿa; — *h ist stumm:
Hĕnāres, Alhámbra, Hŭélva, Măhōn.

ll = lj: Mallórca, Sevílla, Valladolíd; — ñ = nj:
Peñas de Eŭrōpa, Pīco de Peñalāra; Engpaß von Despeña-
pérros; Catalōña, La Corūña; — gu = gu (u sehr kurz): Syérra
Gŭădarāma, Sĭérra Gŭădelūpe, Gŭădiāna, Gŭădalaviār; —
qu = k: Gŭădalquyvīr.

c vor e und i, z vor a, o und u wird in Spanien ähnlich wie
das englische th ausgesprochen: Cúmbre de Mulahácen, Galīcya,
Múrcya; Roncesválles; Albacēte, Barcelōna, Cyŭdád Ro-
drīgo; Paléncya, Valéncya; Gŭypúzcŏa, Ivīza, Zamōra,
Zaragōza.

Wörter, welche mit einem Konsonanten endigen, haben den Ton
auf der letzten, solche, die auf einen Vokal ausgehen, auf der vor=
letzten Silbe; * doch gibt es davon mehrere Ausnahmen: Kap Orte-
gál, Montsorrát, Col de Perthús, Almadēn, Forról, Gibrăl-
tār, Irūn, León, Madríd, San Sebastyān, Santandēr; —
*Kap Trafálgar, Syérra de Grēdos, Manzanāres; Alcāzar,
Búrgos, Cādiz, Sanlūcar, (Figŭēras, Plur.). — Formentēra,
Menórca, Kap Finistérre, Kap Tarīfa, Syérra Morēna, Mala-
détta, Píco d'Anéthou, Segūra, Strandsee Albufēra, Andórra,
Estremadūra; Alicánte, Almĕrīă, Granāda, Pálma, Pam-
plōna, Salamánca, San Ildefónso, Santyāgo, Talavēra,
Tarragōna, Tolēdo, Tortósa, Vīgo; — *Ālăva, Álcăla. Al-
cántara, Āvyla, Lēryda, Málăga, Mēryda.

Wie im Spanischen, so sind auch im Portugiesischen zwei neben=
einanderstehende Vokale etwas getrennt auszusprechen: Bēyra,
Cöímbra, Douro (*u unbestimmt, fast: dōyrŭ); — **das unbetonte
o = u: Cabo (kābŭ) da Rōca.

c vor Konsonanten und vor a, o und u = k, c vor e und i,
ç vor a, o und u = fs: Cintra, Açōren, Bragánça; — ch (und j)
= sch: Tējo; — g vor a, o und u und gu vor e und i = g; —
qu = k: Insel San Miguēl, Sérra Mantyquēyra, Sérra Mon-
chīque; — s am Schluß = sch: Abrántes, Élvas, Lāgos; —
v = w: Algárve, Evŏra; — z = s: Traz os Montes (tras usch

móntesch); — lh = lj: Sérra da Estrélha; — nh = nj: Mínho (spanisch: Miño), Éntre Doūro e Mínho.

Nasallaut õ: Ṣap São (sãŏ) Vicénte; — Nasallaut ã: Alem (alã) Tējo; Santarem (santărā).

Betonung: Mondēgo; Setūbal.

**Spanisch:** mar = Meer, sīerra = Gebirge, mónte (Plur. móntes) = Berg; lago = Jakob, Andēr (für Andrés) = Andreas, higuera (figūera) = Feigenbaum; — mayór = größer, menór = kleiner, morēna = dunkel, schwarz, serrato = zersägt, nevado (Fem. nevada) = beschneit, maladéto (aragonesisch maldíto, Fem. maldíta) = verdammt, von Gott verflucht, san, sant = Sankt, heilig; — estrēma = jenseits; — de = von.

Die Balearen werden nach ihrer Größe unterschieden: **Mallorca** (früher Majorica) = **Die Größere, Menorca** (früher Minorica) = **Die Kleinere. — Sierra Nevada = Beschneites Gebirge,** Schneegebirge; **Sierra Morena = Dunkles Gebirge,** „Schwarzwald" (großenteils mit düstern, immergrünen Wäldern bedeckt): **Montes de Toledo = Berge von Toledo. Montserrat =** Zersägter **Berg, Maladetta =** Die verfluchte (Berggruppe), wegen ihrer Wildheit so genannt. **— Mar Menor =** Kleineres **Meer** (Strandsee unweit Cartagena). **Estremadura =** Jenseits des **Duero** (lateinische Form Durius).
**Santiago =** Sankt Jakob (nach dem Apostel Jakobus, dem Schutzpatron Spaniens), **Santander =** Sankt Andreas, **San Sebastian =** Heiliger Sebastian. **Figueras =** Feigenbaum=(Ort).

**Portugiesisch:** cabo (kabū) = Vorgebirge, sérra = Gebirge, mónte (Plur. móntes) = Berg, lago (lagū) = See (Sumpf), pórto = Hafen; Vicénte = Vincenz, açor = Habicht, rōca = Fels, estrélha = Stern; — são (sāŏ) = Sankt, heilig; — alem (ãlā) = jenseits, éntre = zwischen, traz = hinter; — o (u), Plur. os (uscɨ) = der, a = die, de (mit dem weiblichen Artikel da) bezeichnet den Genitiv; — e = und.

**Açoren = Habichtsinseln. — Cabo da Roca =** Felsen=

**vorgebirge** (die schroff abfallende Westspitze von Europa); **Cabo São Vicente** = Kap Sankt Vincenz. — **Serra da Estrelha** = Sterngebirge.

**Entre Douro e Minho** = (Land) zwischen Douro und Minho; **Traz os Montes** = (Land) hinter den Bergen; **Alemtejo** = (Land) jenseits des Tejo. — **Porto** = Hafen (Oporto = Der Hafen). **Lagos** = Die Seen.

**Griechisch:** $πόλις$ = Stadt, $Πομπεῖος$ = Pompeius; — $πίτυς$ = Fichte; $ἑσπέρα$ = Abend, Westen; — $βάλλειν$ = werfen, schleudern.

**Pityusen** (griechisch $Πιτνούσσαι$) = Fichten-Inseln; **Balearen** = Schleuderer-Inseln (von da kamen im Altertum die besten Schleuderer). — **Hesperien** = Abendland, Westland, daher: Hesperische Halbinsel. — Pompeiopolis, baskisch: Pompälo, jetzt **Pamplona** = Stadt des Pompeius, welcher sie (wahrscheinlich) gegründet hat.

**Lateinisch:** térra = Erde, Land, cámpus = Feld; — pórtus = Hafen, caesar = Kaiser, stélla = Stern: victōria = Sieg, pax = Frieden, Ruhe, finis = Ende; — novus = neu.

**Kap Finisterre** (finis terrae) = Kap Landesende (wurde im Altertum für den „westlichsten Punkt des Festlandes" auf der Erde gehalten). Compostella (campus stellae) = Sternfeld und **Santiago de Compostella** = Sankt Jakob auf dem Sternfeld.

**Portus Cale** = Hafen Cale (so hieß früher Porto); daraus entstand Portucalia, jetzt **Portugal** = Land um den Hafen Cale. Pax Augusta, jetzt: **Badajoz** = Augustusruhe; Caesarea Augusta (gewöhnlich Caesaraugusta), jetzt **Zaragoza** = Kaiser Augustus-Stadt. (Victoria), **Vitoria** = Siegesstadt. Carthago nova, jetzt **Cartagena** = Neu-Carthago.

**Keltisch:** pyra = Gebirge, dur = Fluß.

**Pyrenäen** = Gebirge, darnach: **Pyrenäen-Halbinsel**. **Duero** = Fluß.

**Baskisch**: ibárra = **Strom**, ara = **Wasser**, ásta = **Fels**.
**Ebro** = **Strom**, lateinische Form Iberus, daher: **Iberische Halbinsel**. **Asturien** = **Felsiges Land am Meer**.
**Phönizisch**: Ibusim = **Insel der Fichten**, davon: Ebusus, jetzt **Iviza** (also von gleicher Bedeutung wie: Πιτνοῦσσα). — Gadir = (Zaun), **Festung**, später Gades, jetzt **Cadiz**.
**Arabisch**: dschesıreh = (Insel), **Halbinsel**, dschebel = **Berg**, wadi = **Fluß**; gharb = **Westen**; — ábIad = **weiß**, kebIr = **groß**; — al ist der Artikel.
Aus Dschebel al-Tarik entstand **Gibraltar** = **Berg des Tarik** (eines maurischen Feldherrn, der 711 n. Chr. von Afrika nach Spanien kam und 712 diesen Platz nahm). — **Guadiana** = **Fluß Ana** oder Anas (wie derselbe im Altertum hieß), **Guadalquivir** (Wadi al-kebIr) = **Der große Fluß**, **Guadalaviar** (Wadi al-abiad) = **Weißer Fluß**. — **Algarve** = **Das westliche Land**. **Algesiras** = **Halbinsel** (die Stadt ist nach ihrer Lage auf einer ins Meer vorspringenden Landzunge benannt).
**Alcala** = **Das Schloß**. **Alcantara** = **Die Brücke** (der römische Kaiser Trajan hat hier eine große Brücke über den Tajo bauen lassen). **Almaden** = **Das Bergwerk**. — **Alcazar** (in Toledo und Sevilla) = **Der Palast**.
Die Landschaft **Catalonien** (früher Gothalūnia) ist nach den **Westgothen** benannt. (Castillo = Burg, Kastell); **Castilien** führt den Namen nach den gegen die Mauren angelegten **Kastellen**. (Solche Kastelle entstanden zuerst im Norden, später auch im Süden von dem castilianischen Scheidegebirge; daher ist Neucastilien südlich von Altcastilien). Der Name der Stadt **Burgos** erinnert an das deutsche Wort Burg.

## Frankreich.

Im **Französischen** lauten **a, e, i, o, y** (ohne Accentbezeichnung) gerade so, wie die betreffenden kurzen Vokale im Deutschen.
Die meisten französischen Konsonanten stimmen mit denjenigen der deutschen Sprache überein. Aber (ebenso wie im Portugiesischen), lautet c vor Konsonanten und vor a, o und u wie k; — c vor e und i, ç vor a, o und u = ſs; — **ch** = sch; — **j** = (weiches) sch, desgleichen **g**

## Frankreich.

vor o und i; — g vor a, o und u und gu vor o und i = g; — qu = k; — v = w; — x = x, mitunter jedoch lautet es wie ſs; — z = (weiches) s; — h ist vielfach unhörbar; — *d, e, es, g, s, t, x, z ſind am Ende einer Silbe (gewöhnlich) ſtumm, machen aber (meiſt) den vorhergehenden Vokal lang: Nimes (nīm).

Belle Isle (bell īl). Kap de la Hague (hāg). Kap Grisnez (grīnē); Forez (forē)=Gebirge; Arve (arw), Cher (scher), Garonne (garónn), Lot (lot, t nicht ſtumm), Marne (marn), Mayenne (majénn), Sarthe (sart), Somme (somm), Tarn (tarn); Bearn (bëār, n ſtumm), Marche (marsch). Picardie (pikărdī); Arles (arl), Arras (arrás, s nicht ſtumm), Bayonne (bajónn), Berry (berrí), Biaritz (bĭărítz), Brest (t nicht ſtumm), Cannes (kann), Carcasonne (karkăsonn), Cette (ſsett), Chartres (schartr), Cressy (kressí), Epinal (epinál), Gravelotte (grawlótt), La Rochelle (la roschéll), Lille (lill), Limoges (limōsch). Narbonne (narbónn), Nevers (newēr), Rennes (renn), Rochefort (roschfōr), Roquefort (rokfōr), Vichy (wischi), Belfort (befōr, l ſtumm). — Villers Sexel (willē sefsēl).

ie = i-e (wie in Tryént): Allier (allĭē, r ſtumm); Guienne (gĭénn); Brienne (brĭénn), Dieppe (dĭepp), Vienne (wĭénn); — ou = u: Terraſſe von Rouergue (ruérg); Adour (ădūr), Doubs (du, bs ſtumm); Bourges (bürsch), Chamounix (schámŭnī), Cherbourg (scherbūr), Mars la Tour (mar la tūr), Toulouse (tulūs), Tours (tūr), Trouville (trūvíll), Vesoul (wesú); Boulevard (bul'-vār); — é = é: Grénoble (grenóbl), Péronne (perónn); — è = ē: Isles de Hyères (ils dē Yēr); Isère (isēr); Angouleme (an-gulēm); Bardonèche (bardonēsch), La Rothière (la rotĭēr), Mezières (mesĭēr), Sèvres (sēwr); — el = ē: Seine (sēn).

Die Schriftzeichen langer Vokale haben den Circumflex: â = ā, ê = ā. ô = ō: Havre de Grâce (awr de grafs); — Crête de la Neige (krät de la nēsch); — *ā wird auch mit ai (ay) geschrieben: Aisne (ān), Vilaine (wilān); Charlolais (schárŏlā), Lyonnais (lĭŏnnā), Maine (mān), Nivernais (niwērnā), Orléannais (orlĕănā), Touraine (turān), Vivarais (wiwărā); Calais (kalā), Douay (dŭā), Epernay (ep'rnā), Roubaix (rūbā); — Aix (āks, x nicht ſtumm); — Côte d'Or (kōt d'or); Drôme (drōm), Rhône (rōn, im Deutſchen auch rōne), Saône (sōn); — *au und eau lautet ebenfalls wie ō: Aube (ōb), Gave de Pau (gäw de pō), Dauphiné (dofĭnē), Auxerre (ōſsérr), Bapaume (bapom); Beaucair (bōkär), Beaune (bōn), Bordeaux (bordō).

u = ü: Col de Fréjus (kol de freschüs), Pierre sur Haute (pĭérr sür ōt); Canal du Midi (kanál du midi); Bar le Duc (bar le düc); Dunkerque (dünkérk), La Teste de Buch (la tēt de büsch); — uy = üY: Puy de Dôme (püY de dōm); — eu (oeu) = ö:

Creuse (krös); Le Creuzot (le krözó), Perigeux (perĭgö); — Elboeuf (elböf); — oi und oy = oa (eng mit einander verbunden): Loir (lŏár), Loire (lŏār), Oise (ŏās); Artois (artŏā), Foix (fŏā), Poitou (pŏätu), Blois (blŏá). Poitiers (pŏätĭē); Troyes (trŏā).

Der „mouillirte Laut" lj wird durch ll (wie im Spanischen) und durch lll bezeichnet. — *Der Laut l wird neuerdings ganz unterdrückt: Bouillon (früher buljō) lautet jetzt bujō, Versailles (wersāj), Marseille (marsēj); — nj durch gn (wie im Italienischen): Cognac (konják), Bagnère (banjēr); — Dordogne (dordónj); Auvergne (ōwérnj), Bourgogne (burgónj), Bretagne (bretánj), Gascogne (gaskónj); Boulogne (bulónj).

Der „Najallaut" ã wird bezeichnet durch an (am) und en: La Manche (la māsch); Cantal (kātál); Terrasse von Morvan (morwä); Plateau de Langres (platō de lāgr), Durance (dūrāss); Anjou (äschū), Languedoc (lāgdók); Angers (äschē, rs stumm); Le Mans (le mā), Nancy (nāssi), Nantes (nāt), Orléans (orlĕā), Perpignan (perpinjā), Sedan (sedā); — Cambray (kābrā); Chambery (schäberrī); — Charente (scharāt); Provence (prowāss), Vendée (vādē); Canal du Centre (kanál dü ssātr); Lorient (lorYā), Rouen (rūā), Valenciennes (walāssYénn); — *Caen (kā), Laon (lā).

õ durch on und om: Golfe du Lion (golf dü liŏ); Montagnes d'Afrè (mōtanj d'arrē), Montagnes Faucilles (mōtanj fossíll); Mont Blanc (mō blā), Mont Canigou (mō kannigū), Mont Cenis (mō ssení), Mont Dore (mō dör), Mont Genèvre (mō schenēwr), Mont Iseran (mōt isĕrā), Mont Lozēre (mō losēr), Montmartre (mōmartr), Mont Mezenc (mō mesā), Mont Pelvoux (mō pelvū), Mont Perdu (mō perdū, in Spanien), Mont Reculet (mō rekülē); Armançon (armāssŏ), Gironde (schirŏd); Roussillon (russijŏ); Alençon (alāssŏ), Avignon (awYnjŏ), Besançon (bĕsässŏ), Chālons sur Marne (schālŏ sür marn), Châlon sur Sâone (schālŏ sür sōn), Clermont (klermŏ), Dijon (díschŏ), Fontainebleau (fōtänblŏ), Honfleur (hŏflŏr), Lyons (lYŏ), Montbeliard (mŏbejār), Montpellier (mŏpejē), Soissons (sŏässŏ), Thionville (tYŏvíll), Toulon (tulŏ); — Franche Comté (frāsch kōté); Compiègne (kŏpYēn).

ä durch ain und in: Saint Cloud (sä klū), St. Denis (sä denī), St. Etienne (sät etYénn), St. Germain en Laye (sä schermā ā lä), St. Malo (sä malō), St. Nazaire (sä nasär), St. Omer (sät omē), St. Privat (sä privā); Pointe de St. Matthieu (pŏät de sä mattYŏ); Limousin (limusä); Indre (ädr), Valengin (waläschä, in der Schweiz), Vincennes (wässénn), St. Quentin (sä kätä). — Ien = iä: Amiens (amYä). — *Reims (rässs).

õ durch un: Autun (ötö), Verdun (werdö).

**Französisch:** golfe (golf) = Meerbusen, pas (pā) = Meerenge, Straße; isle (īl) = Insel; pointe (pŏāt) = (Landspitze), Vorgebirge; nez (nē) = (Nase), Vorgebirge; la côte (la kōt) = die Rippe, der Gebirgsrücken; mont (mō) = Berg, montagnes (mōtanj) = Berge (Gebirge), pic (pik) = Spitzberg, Spitze, crête (krēt) = (Berg), Gipfel, roche (rosch) = Fels, plateau (platō) = Hoch=fläche; comté (kōtē) = Grafschaft; canal = Kanal, havre (āwr) = Hafen, ville (will) = Stadt, fort (fŏr) = Festung, château (schatō) = Schloß, Burg, châtelet (schatēlē) = kleines Schloß, place (plāss) = Platz; — abbe (abb) = Abt, lion (liō) = Löwe, or = Gold; midi = Mittag, Süden, manche (mäsch) = Ärmel, faucille (fossill) = Sichel, neige (nēsch) = Schnee; centre (ssätr) = Mitte, concorde (kōkord) = Eintracht, grâce (grāss) = Gnade, perte (pert) = Verschwinden (eines Flusses); — blanc (blā) = weiß, griz (grī) = grau, neuf (nöf), Fem. neuve (nöw) = neu, bel, belle (bell) = schön, perdu (perdü) = verloren, franche (fräsch) = frei, St., saint (sä) = Sankt oder heilig; — le = der, la = die; de = von, bezeichnet den Genitiv (mit dem Artikel: du = des, de la = der).

**Golf du Lion** = Löwengolf (Löwen=Meerbusen), **La Manche** = Ärmelmeer (nach seiner Gestalt so benannt), **Pas de Calais** = Straße von Calais. **Belle Isle** = Schöne Insel. — **Pointe de St. Matthieu** = Vorgebirge des heiligen Matthäus, **Grisnez** = Graues Vorgebirge. — **Montagnes Faucilles** = Sichelberge (so genannt nach der Gestalt des Bergrückens); **Côte d'Or** = Goldrippe (wegen des an den Abhängen dieses Gebirgsrückens wachsenden köstlichen Weines so genannt). **Mont Blanc** = Weißer Berg, **Mont Perdu** = Verlorener Berg (in Spanien), **Pic du Midi** = Mittagsspitze, **Crête de la Neige** (im Schweizer Jura) = Schneegipfel. **Plateau de Langres** = Hochfläche von Langres. — **La perte du Rhône** = Das Verschwinden der Rhone (unter Kalkstein=felsen unterhalb Genf). — **Isle de France** = Insel Francien

(von Seine, Marne und Oise inselartig umschlossenes Land);
**Franche Comté** = Freigrafschaft. — **Place de la Concorde**
(in Paris) = Eintrachtsplatz. — **Canal du Midi** = Kanal
des Südens, **Canal du Centre** = Kanal (in) der Mitte (des
Landes).
**Le Havre** = Der Hafen oder **Havre de Grâce** = Hafen
der Gnade; **Villeneuve** (in der Schweiz) = Neustadt, **Neu-
châtel** oder Neuenburg (in der Schweiz), **Rochefort** = Felsen-
festung, **Belfort** = Schöne Festung; **Abbeville** = Abtes-
Stadt. **St. Denis** = Sankt Dionysius, **St. Etienne** = Sankt
Stephan.

Pelvan, darnach **Mont Pelvoux** = Berg-Kegel. **Champagne** =
Ebene. **Les Landes** (lo läd) = Die Heiden (öde Flächen).

Griechisch: πόλις = Stadt, νίκη = Sieg.
Gratianópolis, jetzt **Grénoble** = Stadt des Gratian
(379 n. Chr. so benannt). Nicaea, jetzt **Nizza** (französisch:
Nice) = Siegesstadt.

Lateinisch: mons = Berg, província = Provinz,
aquae = Gesundbrunnen; clārus = klar, hell; —
trans = jenseits.

**Gallia transalpina** = Gallien jenseits der Alpen (so
nannten die Römer das jetzige Frankreich); Provincia, jetzt
**Provence** = Probinz. Clarus mons, jetzt: **Clermont** =
Heller Berg. Aquae Sextiae, jetzt **Aix** = Gesundbrunnen
des Sertius (von Sextius Calvinus 122 v. Chr. gegründet).
Aureliana, jetzt **Orléans** = Stadt der Aurelier (eines hervor-
ragenden römischen Geschlechts).

Keltisch: mōri = Meer, cebin = Rücken, lāte =
Sumpf; dūnum = Stadt, Burg, ārdu = Höhe, hoch;
— ar, are = am.

**Cevennen** = Bergrücken, **Ardennen** = (etwa) Hochwald.
**Armorika** = Land am Meer (so hieß zu Cäsar's Zeit die
jetzige Bretagne), **Armoriker** = Bewohner des Landes am
Meer. — Arelate, jetzt: **Arles** = am Sumpf (gelegener
Ort). Augustodunum, jetzt: **Autun** = Augustusstadt.

Die **Normandie** ist nach den eingewanderten Normannen, die **Bre-
tagne** nach den während der Völkerwanderung dahin flüchtenden Britanniern,

**Bourgogne** (Burgund) nach den **Burgundern** benannt. **Loraine** (Lothringen) führt den Namen nach **Lothar II.** (gest. 869). **Gascogne** (Vascōnia) = **Land der Basken**. Die **Dauphiné** wurde im Mittelalter von Grafen beherrscht, welche den Titel **Dauphin** führten. Der letzte von ihnen vermachte sein Land dem französischen Könige unter der Bedingung, daß jeder Thronerbe „Dauphin" genannt werde. — Lutetia Parisiorum = Sumpf-Stadt der **Pariser**, jetzt: **Paris**. **Reims** war in alter Zeit die Hauptstadt der **Remer**, eines keltischen Volksstammes.

## Großbritannien und Irland.

Die meisten **englischen Konjonanten** werden ebenso ausgesprochen, wie die deutschen; — aber: **c** vor e und i = ß, sonst k; — **ch** = tsch; — **dg** und **j** = dsch (weich), wie in dem italienischen Girgenti); — **sh** = sch; — **v** = w; — **z** = s (weich). — Das nach Konjonanten am Schluß von Wörtern oder Silben stehende **e** ist stumm, macht aber den vorhergehenden Vokal lang.

In manchen geographischen Namen lauten die Vokale ebenso, oder ganz ähnlich wie im Deutschen: Bell Rock, Hārtfell, Cróssfell; Kénnet, Severn (séwĕrn), Trent; Kent; Cárdiff, City (ßĭtĭ) in London, Cork, Dērby, Invĕrness, Kilmárnock, Milford, Oxford, Sómerset, Stóckport, York; Eddystone (éddystŏn), Skone (skon). — Glenmore (glénmŏr); — Deptford (détford. p stumm).

**e** und **o** wird in Endsilben fast gar nicht gehört und **r** am Schluß wird nur sehr unbestimmt ausgesprochen; — **ey** und **y** am Schluß ist kurzes unbestimmtes ĕ und ĭ; *manche Buchstaben, wie gh, l. s. es, u, w sind vielfach stumm: Guernsey (gĕrnsĕ. u stumm), Jersey (dschérsĕ), Orkneys (órknĕs)=Inseln, Mersey (mérsĕ), der See Killarney (killárnĕ); Bristol (brístŏl. jast: brist'l), Bolton (bólt'n). Chester (tschést'r), Colchester (kóltschest'r), Coventry (ków'ntrĭ), Devonport (déw'nport), Dover (dów'r), Exeter (éxĕt'r). Folkestone (fokston, l stumm). Limerick (lím'rick), Norwich (nóritsch. w stumm), Preston (prest'n), Sheffield (schéffĭld).

In einer Anzahl von englischen geographischen Namen finden sich die Laute ī, ū, ei, au, deren Aussprache genau wie im Deutschen, deren Schreibung aber eine andere ist.

**i** wird bezeichnet durch **ee, ea, e**: Der Fluß Dee (dī); Greenock (grīnock), Greenwich (grīnitsch, w stumm), Shearness (schīrnefs); — Peak (pīk)=Gebirge; Eastend (īstend) in London, Leamington (līmingt'n), Reading (rīding); — Ben Nevis (ben nīwis); Eden (īd'n); Regents (rīdschents) = Park; — Hereford (hīrford); — **ea** lautet wie ē in Great Grimsby (grēt grimsbĭ), wie é in Beachy

Head (bītschÿhed), Holyhead (hölihéd), Spithead (spithed); — e wie í in Cheviot (tschíwÿöt)-Gebirge.

ū durch oo: Holyrood (holirūd), Liverpool (liv'rpūl), Marstonmoor (mårst'nmūr), Woolwich (wūlitsch, w stumm).

ei durch I und y: Insel Jona (ëiōna), High Peak (heipīk, gh stumm, ebenso wie in) Brighton (breīt'n), Carlisle (karleil, s stumm); — Insel Sky (skei); Clyde (kleid), Tyne (tein); Hyde (heid)-Park.

au durch ou und ow: Ouse (aus), Stonehouse (stōnhaus); — Queenstown (kūīnstaun); — Der Tower (tau'r) in London.

Die Engländer haben ein dem Deutschen nahezu gleichkommendes (allerdings mit verschiedenen Schattirungen ausgesprochenes) ä, å und ä̊.

ä wird bezeichnet durch a und ai: Avon (äw'n); Caernarvon (kärnärv'n); Cambridge (kämbridsch), Gateshead (gätshed), Halifax (hälifäx), Hastings (hästings), Inverary (inwěrärÿ), Naseby (näsbÿ), Rochdale (rótschdäl); die Squares (skärs) in London; — Kinnaird (kínärd hed); Paisley (püslÿ).

å und å̊ durch a: Bristol Channel (brist'l tschånn'l), English Channel (ínglisch tschånn'l), Cardigan Bay (kårdigån bä); Insel Anglesey (änglsī), Insel Mainland (månländ), Shetlands (schétlånds)-Inseln, Insel Staffa (ståffå); — Kap Landsend (låndsend), Lizard Head (lísård hed); Grampian Mountains (grämpÿån maunt'ns), Carantuohill (käräntüöhill); Shannon (schånnŏn, fast: schånn'n), Grand Canal (gränd kånn'l), Royal Canal (rójäl kånn'l); Bradford (brådford), Chatam (tschåt'm), Cheltenham (tschélt'nhäm), Douglas (dauglås), Glasgow (glåsgo, w stumm), Hartlepool (hårtlpūl), Harwich (håritsch, w stumm), Lancaster (länkåst'r), Manchester (måntschest'r), Nottingham (nóttinghäm), Ramesgate (råmsgät), Salford (sålford), Stafford ståfford), Wolwerhampton (wulw'rhåmpt'n, o = ú), Sydenham (síd'nhäm).

Das u (sowie auch das i vor r) drückt im Englischen einen unbestimmten (mitunter zu a oder o hinneigenden) ö-Laut aus: Insel Mull (möll), Duncansby Head (dönkänsbÿ hed), Dunmore Head (dönmor hed); Humber (hŏmb'r, fast hāmb'r); Great Trunk Canal (grēt trönk kånn'l); Cumberland (kŏmb'rländ), Munster (mŏnst'r), Surrey (sörrĕ), Sussex (sössex), Sunderland (sönd'rländ); Blackburn (bläckbörn), Canterburry (känt'rbörrÿ), Dublin (döblin), Dundee (döndÿ), Dunbar (dönbår), Dundalk (döndälk), Durham (dörhäm), Huddersfield (hödd'rsfīld), Hull (höll) oder Kingston upon Hull (kíngst'n öpón höll), Salesburry (sälsbörrÿ), Suffolk söffök, l stumm), Stoke upon Trent (stŏk öpón trent); — Birmingham (börminghäm), Birkenhead (börk'nhed), Stirling (störling). — *London (nahezu lönd'n), Londonderry (lönd'nderrÿ).

## Großbritannien und Irland. 23

**ew** = njū: Newcastle (njūkäsl, t ſtumm); — **\*ew** = a in (Inſel) Lewis (lūïs), Shrewsburry (schrūsberri).

Das **w** lautet meiſt wie ein kurzes u (ŭ): Inſel Wight (ŭeit, gh ſtumm), Wicklow Mountains (ŭicklo maunt'ns, w ſhtmm), Ben Wyvis (ŭeiwÿs), Tweed (tŭïd), Wales (ŭäls), Wessex (ŭéssex), Westmoreland (ŭéstmōrländ), Wiltshire, (ŭïltschïr); Berwick (bérŭick), Whitehaven (ŭeithāw'n), Windsor (ŭïndsŏr); Westend (ŭéstend) in London.

Im Engliſchen findet ſich der „tiefe **a-Laut**" (im Folgenden mit **å** bezeichnet); derſelbe wird in den engliſchen geographiſchen Namen darge= ſtellt durch **a, au, aw**: Inſel Alderney (åld'rnĕ), Cornwall (kórnŭål); Bridgewater Canal (bridschŭåt'r kånn'l); Galway (gålŭä), Warwick (ŭårick, w ſtumm), Waterford (ŭåt'rford), Westminsterhall (ŭéstminst'rhål), White Hall (ŭeit hål); — Conaught (kónåt, gh ſtumm); — Cawdor (kådŏr), wo das Schloß Macbeths geſtanden haben ſoll.

Eigentümlich iſt der engliſchen (wie auch — nach S. 13 — der ſpaniſchen) Sprache der Laut **th**. (\*Denſelben muß man vor= ſprechen hören; durch irgend einen anderen deutſchen oder lateiniſchen Buchſtaben läßt er ſich nicht darſtellen — er kommt dem ſs nahe —): The Wash (tho ŭåsch), Firth of Forth (förth of forth), Firth of Lorn (lorn), Dornoch (dórnotsch)-Firth, Morray (mórrĕ)-Firth, Pentland (péntländ)-Firth, Solway (sōlŭä)-Firth, North-Downs (north dauns), South Downs (sauth dauns), Northumberland (northŏmb'rländ); Bath (båth), Bosworth (bósŭorth), Leith (līth), Merthyr Tydfil (mérthir tídfïl), Perth (perth), Southampton (sauthåmpt'n), South Shields (sauth schïlds); — \*in mouth lautet **ou** wie ŏ: Exmouth (éxmŏth), Falmouth (fálmŏth), Plymouth (plímŏth), Portsmouth (pórtsmŏth), Tynemouth (teinmŏth), Yarmouth (jármŏth); — Lambeth (låmbeth) in London.

Die Endſilbe **tia** lautet wie schä: Valentia Harbour (wälénschä hárb'r); — **tion** = schĕn: Grand Junction Canal (gränd dschöngsch'n kånn'l).

Als nicht nach den bisher angeführten Regeln ſich richtend, ſind fol= gende engliſche geographiſche Namen beſonders zu merken: Kap Flamborough (flåmbŏrrŏ), der Lough Neagh (log nä oder auch näÿ) in Irland; in Schottland: Loch Catrine (lock kåtrīn), Loch Lommond (lómmŏnd), Loch Ness, Linneloch (línnlock); — Leinster (nahezu wie lénst'r), Mercia (mérschä), Edinburgh (éd'nbŏrro), Gloucester (glóst'r), Leicester (lést'r), Lincoln (línkŭn), Worcester (wūst'r); — Southwark (sŏthärk) in London.

**Engliſch**: sea (sī) = See, firth (förth) bezeichnet wie Fjord, einen ſchmalen, tief in das Land einſchneidenden Meer=

busen, channel (tschänn'l) = Rinne, Kanal, strait (strät) = Straße, Meerenge, head (hed) = Kopf, Spitze, Vorsprung, Vorgebirge, spit = Landzunge, mountain (maunt'n) = Berg, mountains (maunt'ns) = Berge, Gebirge, fell = Hügel, down (daun) = (Düne), Sandhügel, moreland (mōrländ) = Hochland, fen = Moor, wash (ŭōsch) = Sumpf, water (ŭōt'r) = Wasser, ford = Furt, mouth (mauth, in den geographischen Namen **möth**) = (Mund), Mündung, bath (bāth) = Bad, haven (häw'n) = Hafen, canal (känn'l) = Kanal, Wassergraben, land (länd) = Land; city (ſsittï) = Stadt, town (taun), ton = Stadt, wark (ŭärk) = Gebäude, Bau, castle (käſs'l) = Schloß, Burg, minster (minst'r) = Domkirche, Kloster, house (haus) = Haus, hall (hâl) = Halle, gate (gät) = Thor, Öffnung, bridge (bridsch) = Brücke, bell = Glocke, cross = Kreuz, rood (rūd) = Kreuz; — queen (kŭīn) = Königin; — ox = Ochſe, swan (swon) = Schwan; — rock = Felſen, stone (stōn) = Stein; — east (īst) = Osten, south (sauth) = Süden, west (ŭést) = Westen, north (north) = Norden; eddy (éddi) = Wasserwirbel; junction (dschŏngsch'n) = Verbindung, end = Ende; — grand (gränd) = groß, new (nja) = neu, white (ŭeit) = weiß, holy (hōli) = heilig, royal (rójäl) = königlich, main (män) vornehmſt, Haupt=; — the = der, die, das, of = von (bezeichnet den Genitiv).

**English Channel** = **Engliſcher Kanal**, Meeresteil zwiſchen Frankreich und England, von den Franzoſen La Manche genannt (daher: der Kanal — oder: La Manche, d. h. Ärmel-Meer); **Strait of Dover** = **Straße von Dover**, **Firth of Clyde** = **Meerbuſen des (Fluſſes) Clyde**, **The Wash** = **der Sumpf** (dieſer Meeresteil hat nur geringe Tiefe, namentlich gegen das Ufer hin). Inſel **Mainland** = **Hauptland**, **Bell Rock** = **Glocken=(förmiger) Felſen**, **Eddystone** = **Wasserwirbelstein** (hier ist das Meer vielfach außerordentlich ſtürmiſch). — **Cap Landsend** = **Cap Landesende**, **Grampian Mountains** = **Grampian=Gebirge**. **Crossfell** = (Kreuzhügel), „Kreuzberg";

**North-Downs** und **South-Downs** = Nord- und Süd-Sandhügel; **Westmoreland** = Westliches Hochland; **Fen-Distrikt** = Moor-Distrikt; **Northumberland** = Land im Norden des (Flusses) Humber. — **Grand Canal** = Großer Kanal und **Royal Canal** = Königs-Kanal (in Irland); **Grand Junction Canal** = Großer Verbindungs-Kanal (zwischen Themse und Ouse); **Bridgewater Canal** = Brückenwasser-Kanal.

**City** = Stadt (ältester Stadtteil in London), **Eastend** = Ostende, **Westend** = Westende, **Westminster** = Westkloster, **Southwark** = Südbau (südlicher Stadtteil in London), **Whitehall** = Weiße Halle (Schloß in London). — **Newcastle** = Neuburg, **Queenstown** = Königin-Stadt. **Stonhouse** = Steinhaus; **Oxford** = Ochsenfurt, **Waterford** = Wasserfurt. **Whitehaven** = Weißer Hafen. **Swansea** = Schwanensee (Schwan-See). **Bath** = Bad; **Spithead** = (Stadt an der) Spitze der Landzunge, **Gateshead** = (Stadt an der) Spitze der Thoröffnung, **Holyhead** = (Stadt am) heiligen Vorgebirge, **Holyrood** = Heiligkreuz. **Cambridge** = Brücke über den (Fluß) Cam. — **Plymouth** = (Stadt an der) Mündung des Plym, desgleichen: **Exmouth, Falmouth, Portsmouth, Tynemouth, Yarmouth.**

Sand (sänd) = Sand, wool (wūl) = Wolle, war (uór) = Krieg; — green (grīn) = grün; — Die Endungen wick (ŭick), wich (ŭitsch) bezeichnen Dorf, Ort, borough (bóro), burgh (bóro) und bury (bŏri) = Burg, Stadt; ham (häm) entspricht dem deutschen „Heim": **Warwick** = Kriegsdorf, „Garnisonsort", **Sandwich** = Sanddorf, **Woolwich** = Wolldorf, **Norwich** = Norddorf, **Greenwich** = Gründorf. — **Peterborough** = Petersburg, **Edinburgh** = Stadt des Edwin. **Canterbury** = Burg oder Stadt (im Gebiet des Volksstamms) der Kenter. — **Northampton** = Nordheimstadt, **Southampton** = Südheimstadt.

*Peak (pīk) = Berggipfel, Spitzberg; das **Peak-Gebirge** ist nach seinen vielen Bergspitzen so benannt. — **High Peak** = Hoher Spitzberg.

Angelsächsisch: sex = Sachsen, darnach: **Essex** = Ostsachsen, **Sussex** = Südsachsen, **Wessex** = Westsachsen, **Middlesex** = Mittelsachsen; — folk (fōk) = Volk: **Norfolk** = Nordvolk, **Suffolk** = Südvolk.

**Dänisch:** ey = Insel, darnach **Anglesey** = Insel der Angeln.

**Keltisch:** pen, ben = Gebirge, Berg, dun = Bergkuppe und Burg; abon = Fluß, abor = Flußmündung, loch (lok), in Irland lough (log) = See. **Peninische Kette** = Gebirgskette. **Ben Nevis** = Berg Nevis. **Avon** = Fluß. **Loch Ness** = See Neß; **Lough Neagh** = See Neagh; — snow (snó) = Schnee und **Snowdun** = Schneekuppe. — **Dundee** ist entstanden aus Dun Tay = Burg am Tay. **Aberdeen** = (Stadt an der) Mündung des Dee.

Vergyn, Erin, davon **Irland** = westliche (Insel), **Westland**. — **Orkneys-Inseln** = Walfisch-Inseln. — **Cork** = (Stadt auf dem) Moor.

**Lateinisch:** cástra, davon **Chester** = Feld-Lager (von Soldaten). — Manchester; Lancaster, Gloucester, Leicester (die ersten Silben dieser Namen sind nicht zu erklären).

449 n. Chr. ließen sich in Britannien **Angeln** (und Sachsen) nieder und gründeten 7 Königreiche; diese wurden 827 vereinigt und es entstand der Name Angelnland, Angelland, jetzt: **England**.

## Schweden, Norwegen, Dänemark.

Im **Schwedischen** lautet y wie ü und å wie tiefes a (oder nahezu wie o in hohl): Ymesfiell (ümesfjell); Ystad, Wisby; — Alands-Inseln, Skåne; — f lautet am Schluß einer Silbe wie w und g vor (den „weichen Vokalen", also vor) e und ö, sowie nach r in demselben Stamm wie j: Taberg (täberj); Ångerman-Elf (ånjerman-elw), Göta-Elf (jöta-elw), sowie Luleå-, Muonyå-, Piteå-, Torneå-, Umeå-Elf; — Gefle (jéwle), Göteborg (jöteborj); — v = w: Erzberg Gellivare (jélliwāre); — kö (sehr hart) = tchö (oder fast tschö): Jönköping, Norrköping, Nyköping, Söderköping, sk vor e = sch: Skelefteå-Elf (schelewteå-elw); — h und l vor j sind stumm: Hjelmar (jélmar)-See; Ljusne-Elf (júsne-elw).

Betonung: Lófoten-(Inseln), Målar-See, Síljan-See, Mötäla-Kanal; — Danemōra, Fålun, Stóckholm, Sigtūna, Upsäla.

*Dal = Thal, dälar = Thäler, dälarne = die Thäler (der „bestimmte Artikel" wird an den Schluß des Wortes gesetzt): Wēnern = der Wener-(See), Snöhättan = der Snöhätta.

**Schwedisch:** sund = Meerenge, stäke (ober stock) = Sund, Meeresstraße, ö = Insel, holm = Insel (kleine Insel), land = Land, fjéll = Hochgebirge, elf (elw) = Fluß, hamn = Hafen, stad = Stadt, malm = Vorstadt, borg = Burg, köping (tchöping) = Marktplatz, „Kaufungen"; (drott = König), dróttning = Königin, karl = tapferer Mann, ríddare = Ritter, troll = böser Geist, Teufel; — sala = Saal, hätta = Haube, hut, snö = Schnee, krōna = Krone, nor = Norden, söder = Süden; — lång = lang, ny = neu, klar = klar, lauter, godt = gut; — upp = hoch.

**Öland** = Inselland, **Gotland** = gutes Land, **Bornholm** (früher: Burgundarholm) = Insel der Burgunder (zu Dänemark gehörig). — **Long Fjell** = Langes Hochgebirge. **Snöhätta** = Schneehut (oben immer mit Schnee bedeckt). — **Dal-Elf** = Thalfluß, Oster- und **Wester-Dal-Elf** = Ost= und West=Thal=Fluß; **Klar-Elf** = Klarer Fluß. **Trollhätta-Felsen** = Teufelshut=Felsen, darnach: **Trollhätta-Fälle**. — **Dalkarle** = Thalmänner (tapfere Männer im Thal); daraus entstand der Landesname: Dalekarlia (lateinische), **Dalekarlien** (deutsche Form).

**Stockholm** = Sundinsel (die Stadt liegt da, wo der Mälarsee durch zwei Ausgänge mit der Ostsee in Verbindung steht); **Riddarholm** = Ritterinsel (in Stockholm); **Drottningholm** = Königininsel (Lustschloß bei Stockholm); **Normalm** = Nordvorstadt (in Stockholm); **Södermalm** = Südvorstadt. **Söderhamn** = Südhafen. **Karlstad** = Karlsstadt; **Karlskrona** = Karlskrone. **Norköping** = Nordkaufungen; **Söderköping** = Südkaufungen. **Nyköping** = Neukaufungen. **Sala** = Saal; **Upsala** = hoher Saal (hier stand der älteste Tempel des Nordens).

**Göteborg** = Gothenburg (ist wie der Göta=Elf nach dem Volksstamm der Gothen benannt).

Im **Dänischen**, das (mit nur wenig Veränderung) auch in Norwegen gesprochen wird, lautet **aa** wie tiefes a (å): Laaland. Aalborg, Aarhuus; — oe = ō: Roeskilde (roskilde); — ö (dänisch o) = ü: Faaröer (fắr-ö-ĕr); Röraas (rörås); — v = w (*d nach l und r ist fast unhörbar): Stävanger Fjord (fjōr), Dóvre Field (fjél), Blåvands Hūk, Frēderikshavn, Kjöbenhavn, Kóngsvinger. Várdöhuus, Vīborg; — gn = ngn: Sogne-Fjord (sóngne-fjōr).

Betonung: Káttegat, Skāgerak, Hārdanger Fjord, Līmfjord, Tróndhjem Fjord; Kap Lindesnäs; Jötun Fjeld, Jóstedalsbrǟ, Gáldhöpig, Sneehätte; — Arendal, Christiānia, Hélsingör, Nÿborg, Ödĕnse, Trómsö. — Hēcla; *Reikjavik (rēkjăwik).

**Dänisch**: fjord (fjōr) = tief in das Land einschneidender Meerbusen; — ö = Insel, öer = Inseln, näs = Landspitze, Vorgebirge, fjeld (fjél) Hochgebirge, berg = Berg, land = Land; — havn = Hafen, stad = Stadt, borg = Burg; — konge = König, faar = Schaf, aal = Aal, lind = Linde, hálde = Felsenzinne, hätte = Haube, Hut, steen = Stein, snee = Schnee, kjöb = Kauf, lyst = Lust; — lang = lang, ny = neu, lav (laa) = nieder.

**Trondhjem Fjord** = **Meerbusen von Trondhjem**; — **Langeland** = **Langes Land**; **Laaland** = **Niederland**; **Faaröer** = **Schafinseln**. — **Lindesnäs** = **Lindenvorgebirge**. **Lang Field** = **Langes Hochgebirge**. **Sneehätte** (schwedisch: Snöhätta, Snöhättan) = **Schneehut**.

**Kjöbenhavn** (Kopenhagen) = **Kaufhafen**; **Frederikshavn** = **Friedrichshafen**. **Frederiksborg** = **Friedrichsburg**. **Frederikshald** = **Friedrichs-Felsenzinne** (Festung gegen Schweden) mit dem Fort: **Frederikssteen** = **Friedrichsstein**. **Aalborg** = **Aalburg**; **Nyborg** = **Neuburg**. **Kongsberg** = **Königsberg**. **Marienlyst** = **Marienlust**.

**Island** = **Eisland** (wegen des Treibeises im Meer). **Norwegen** = **Nordweg** (so nannten die alten Seefahrer zunächst das im Nordwesten von Skandinavien gelegene Meer, in welchem sie weit nach Norden gelangten); **Hekla** = **Mantel** (dieser Vulkan ist immer mit Rauch bedeckt); **Reikja-vik** = **Rauchbucht** (weil am Ufer des Meeres eine heiße Quelle dampft). — **Christiania** führt seinen Namen zu Ehren des Königs **Christian IV.** von Dänemark (1588—1648).

## Rußland, Polen, slavisches Gebiet.

Die Vokale sind im **Russischen** immer kurz, und wenn zwei derselben zusammentreffen, so werden sie etwas getrennt ausgesprochen: JáYla-Gebirge, UkráYna; mitunter ist al Doppellaut: Waigátsch=Straße, Wŭldai=Höhe, Ssaimä=See (finnisch); — e lautet am Anfang einer Silbe meist wie je; — das unbetonte o lautet wie ein sehr kurzes a: Oka (aká), Onega (ănYéga)=See, aber Élton=See; — ch hat stets (auch am Anfang eines Wortes oder einer Silbe) den Laut des deutschen ch in Bach: Chersón; — w am Anfang einer Silbe (mitunter auch am Schluß) = w in wahr: Wólogda, Kówno; — w mit Schärfungszeichen (am Schluß von Silben) lautet wie f (doch nicht allzuscharf) und wird im Deutschen am besten mit f bezeichnet: Kíěf.

Betonung: Kandalákskaja=Busen, Tschéskaja=Busen, Júgorische (oder Waigătsch)=Straße, Kárische Straße; Insel Kalgújef, Halbinsel Abscherón, Kánin, Kóla, Tamán(j); — ObtschéY-Syrt; Urál=Gebirge, Timán=Berge; Blagodát(j), Iremél, Kontschakóf, Popówa Gorá, Töllpós; — Beresyná, Bjélăja, Desná, Dnjépr, Dnjéstr, Dwiná, Donéz, Issét(j), Kamá, Kubán, Kumá, Lowát, Manýtsch, Medwédiza, Mésen, Moskwá, Náreff, Narówa, Newá, Njémen, Onega (anjéga), Petschóra, Prípet(j), Scheksná, Suchóna, Swir(j), Térek, Tschussowája, Túra, Twerzá, Úfa, Urál, Wjátka, Wólga, Wŭóxon, Wýtschegda; — Énăra=See, Ílmen(j)=See, Ímandra-See, Kubinskóje=See, Ládoga=See, Peipůs=See, Sseligér=See; Rokítno=Sümpfe: Bessarábien, Podólien, Wolýnien; — Akkĕrmán, Archángel, Ásof, Astrachán, Bakú, Balakláwa, Bendér(j), Berdítschef, Bjelostók (polnisch: Bjálystok), Borodinó, Brest-Litófsk, Chárkof, Derbént, Dórpat, Feodóssia, Gátschina, Gródno, Helsingfórs, Irbít, Iwángorod, Jaroslaf, Jekaterinbúrg, Jekaterinodár, Jekaterinoslúf, Jélez, Jelissawetgrád, Jeníkalé, Kalúga, Kamenéz-Podólsk, Kandalákscha, Kasán(j), Kischinéf, Krementschúg, KŭópYo, LivádYu, Mítau, Mohilew (mohiljóf), Móloga, Móskau, Nárva, Nikolájef, Níschnij Nówgorod, Nówo GĕórgYĕfsk, Nówo Tscherkásk, Odéssa, Orel (ärjól), Orenbúrg, Pénsa, Perokóp, Petrosawódsk, Poltáwa, Pskof, Púlkowa, Pultúsk, Réwal, RjŭsáN, Rostóf, Rýbinsk, Samára, Sarátof, Sarépta, Schitomir (polnisch: Schitómir), Sewastópol(j), Simbírsk, Simferópol(j), Smolénsk, Stawrópol(j), Taganróg, Tambóf, Túla, Tschenstóchau (russisch: Tschenstochówo in Polen), Welíkij Nówgorod, Werchotúrje, Welíkij Ustjúg, Wíborg, Wílna, Witébsk, WládYkăwkás, Wladímir, Wólogda, Worónesch, Zarízyn, Zárskoje Sseló.

Schwedisch (s. S. 26) å: Ålands=Inseln; Åbo, Torneå; — g = j: Sveaborg (sweåborj), Uleåborg (üleåborj).

**Russisch**: móre = Meer, gorá = Berg, Kawkás = Kaukasus, (dólyĕ = unten, niedrig), podólyĕ = Fuß des Berges, ústyĕ = Mündung; — die Endung sk bezeichnet eine Stadt, górod und grad = Stadt, burg (aus dem Deutschen) = Burg, sseló = Dorf (Kirchdorf); — archángel (griechisch ἀρχάγγελος) = Erzengel, zar = Kaiser, wladíka = Herr, Beherrscher; — Gĕórgyj = Georg, Iwán = Johann, Nikolái = Nikolaus, Jekaterína = Katharina, Jelíssawet = Elisabeth; — sem (sjom) = Erde, Boden; — dar = Gabe, Geschenk, sláwa (abgekürzt slaf) = Ruhm; — bjélij (Fem. bjélaja) = weiß, tschernij (tschórnij), Neutr. tchérnoje = schwarz, welíkij = groß, nówij = neu, zárskij (Neutr. zárskoje) = dem Zar gehörig, (pop = Priester), popówa = dem Priester gehörig; — wérchnij = ober, níschnij = nieder, (krai = Rand, u = an), u-kraia = an der Grenze.

(Tschérnoje More = Schwarzes Meer, darnach): **Tschernomorische Kosaken** = **Am schwarzen Meer wohnende Kosaken**. **Popowa Gora** = **Popenberg**, Priesterberg (die höchste Erhebung der Waldai=Höhe). **Bjelaja** = (die Weiße), **Weißer Fluß**. **Ukraina** = **Grenzland**, **Podolien** = (Land am Fuß des Berges), **Niederland**. — **Tschernosjom** = **Schwarze Erde** (der schwarze, an Humus reiche Ackerboden in Rußland).

**Welikij Nowgorod** = **Groß=Neustadt**, **Nischnij Nowgorod** = **Nieder=Neustadt**, **Iwangorod** = **Johannstadt** (starke Festung an der Weichsel in Polen). **Nowo Georgiefsk** = **Neu=Georgenstadt** (an der Mündung des Bug in die Weichsel). **Jelissawetgrad** = **Elisabeth=Stadt** (der 1740—1762 regierenden Kaiserin). **Jekaterinburg** = **Katharinenburg** (wurde von Peter dem Großen 1723 gegründet und zu Ehren seiner Gemahlin, Katharina I., mit diesem Namen belegt). **Jekaterinodar** = (Gabe oder) **Geschenk der Katharina** (von Katharina II.

1792 gegründet). **Jekaterinoslaf = Katharinens Ruhm** (von Potemkin 1784 gegründet als Sommerresidenz der Kaiserin Katharina II., welche von 1762—1796 regierte). **Zarskoje Sselo** = (dem Zaren gehöriges Dorf), **Zarendorf**. (Archangelsk), **Archangel** = (Stadt des) **Erzengels** (Michael). **Nikolajef = Stadt des Nikolaus**. — **Wladikawkas = Beherrscher des Kaukasus** (wichtige Festung in Cis-Kaukasien an der Straße nach Tiflis). — **Welikij Ustiug** = (Stadt an der) **großen Mündung des Jug** (eines Zuflusses der Suchona). **Werchoturje = Oberturie** (Stadt an der oberen Tura, einem Zufluß des Tobol), darnach: Werchoturischer Ural.

**Griechisch**: χερσόνησος = Halbinsel, πόλις = Stadt, Σέβαστος = Augustus; — σταυρός = Kreuz.

**Sewastopol** (Σεβαστύπολις) = **Augustusstadt**. **Stawropol** (Σταυρύπολις) = **Kreuzesstadt**.

Die jetzige Halbinsel Krim hieß im Altertum: Taurischer Chersones, und eine im Süden auf einer Landzunge gelegene Stadt führte den Namen Chersonesus; die mittelalterliche Namensform **Cherson = Halbinsel** wurde (in ungeeigneter Weise) auf eine neugegründete Stadt am Dniepr übertragen.

**Türkisch**: kalé = Burg, (kirmán), kermán = Stapelplatz; — jení = neu, ak = weiß.

**Jenikale = Neuburg**. **Akkerman = Weißer Stapelplatz**.

**Tatarisch**: ural = Gürtel: **Ural-Gebirge = Gürtel-Gebirge** (so genannt, weil es die Wasserscheide zwischen Europa und Asien bildet).

**Schwedisch**: land = Land, stad = Stadt, borg = Burg; Sveä = Schweden; å = Wasser; — ny = neu. **Åland = Wasserland**: Ålands-Inseln; — **Nystad = Neustadt**; **Nicolaistad = Stadt des Nicolaus** (1852 an Stelle des abgebrannten Wasa erbaut und zu Ehren des damals regierenden Kaisers Nikolaus benannt). **Sveaborg = Schwedenburg**.

**Deutsch**: fen = Sumpf, darnach: **Finnland = Sumpfland** (vergl. Fen-Distrikt in England, S. 20).

**St. Petersburg** wurde von Peter dem Großen 1703 gegründet und zu Ehren des in Rußland hochgefeierten Apostels **Petrus** benannt.

Die Festung **Schlüsselburg** bildet den „**Schlüssel**" zum dortigen Landgebiet. — Das alte deutsche Wort rīge bezeichnet ein Gebäude zum Trocknen des Getreides, darnach: **Riga = Getreidespeicher** (Bremer Kaufleute legten am rechten Ufer der Düna, unweit deren Mündung, 1158 einen Getreidespeicher an, um welchen her dann nach und nach eine Stadt entstand). Im Jahre 862 wandten sich die slavischen Bewohner von Nowgorod am Ilmen-See hilfesuchend gegen den fortwährenden Unfrieden im Lande an die skandinavischen Waräger (an der Ostsee), welche auch **Russ** hießen; dieselben kamen und wurden Herren des Landes, das nach ihnen den Namen **Russland** erhielt. — Die **Walgatsch-Strasse** und die Insel **Walgatsch** sind nach dem russischen Seefahrer **Walgatsch** benannt, der 1556 das Meer daselbst besucht hat.

Im **Polnischen** werden die Vokale und die meisten Konjonanten wie im Deutschen ausgesprochen: Lýsa Góra; Bŭg, San; Bjályslok, Rădom, Sándomir, Suwálki; — c lautet stets wie z: Dunajec (dúnajcz), Pílica; Plock; — Nówy Sándec (in Galizien). — Deutsche Schreibweise: Kālisch, Ljúblin, Lōdsi, Wárschau; — Wyĕlítschka (in Galizien).

**Polnisch**: góra = Berg, Gebirge, stok = Quelle, kal = Sumpf; pŏle = freies Feld, Fläche; — bjály = weiß, rein, lýsy (fem. lýsa) = kahl.

**Lysa Gora** = („Kahlenberg"), **kahles Gebirge**. **Polen = Flachland**. **Bjalystok** = (Ort an der) **reinen Quelle**. **Kalisch = Sumpfort**.

Der **tschechische** Laut č (nicht selten durch cz bezeichnet) wird im Deutschen am besten mit tsch geschrieben: (Časlau, Czaslau), Tschaslau; — das dem Tschechischen eigentümliche ř (etwa rsch, aber nicht sehr hart, sondern weich auszusprechen), findet sich in (Přemysl), Prschémysl (in Galizien) und in Prschríbram (in Böhmen); — v = w: Sádova.

Der Ton liegt stets auf der ersten Silbe des Wortes: Jánkovitz, Lóvosilz, Párdubitz u. s. w.

Die Slaven wohnten einst bis zur Elbe und Saale, bis zum Fichtelgebirge und zum Böhmerwald; daher finden sich in jetzt deutschen Gebieten viele slavische Ortsnamen; dieselben werden häufig durch Anhängung der Silben ici oder ice an Personennamen und andere Wörter gebildet, z. B. Litomir-ici, jetzt Leitmeritz = die Mitwohner oder die Nachkommen des Litomir, die Ansiedelung der Familie Litomir; téply = warm, Topl-ice, jetzt Teplitz, heißt etwa so viel als „Warmbrunn" (nach seinen warmen Quellen).

**Slavisch**: more = Meer, morici = kleines Meer, gora = Berg, skala = Fels, broda = Furt; — grad, gard = Burg; — bobr = Biber, buk = Buche, bukowi = Buchenwald, kamen = Stein, kamenici = kleiner Stein, kremen = Kieselstein; — belny = weiß, stary = alt; — po = am.

**Bober** = **Biberfluß**. — **Bukowina** = **Buchenwaldland**; (Pomorie), **Pommern** = **Land am Meer**. — (Morici), **Müritz** = **Kleines Meer** („Müritz-See").

**Brody** (in Galizien) = **Furt**; in Böhmen liegt **Deutsch Brod** und **Böhmisch Brod**, am linken Ufer der Save (in Slavonien) **Brod** und gegenüber **Türkisch Brod**. — **Belgrad** (in Serbien) und **Belgard** (in Pommern) = **Weißenburg**; **Stargard** = **Altenburg**. **Kammin** (in Pommern) = **Stein**; **Kamenz** (in Sachsen) = Kleiner Stein, **Klein-Stein**; — **Chemnitz** = **Steinort**; **Kremnitz** (in Ungarn) = **Kieselsteinort**; **Skalitz** (in Böhmen) = **Felsort**.

Blato = Sumpf, darnach Balaton oder „**Platten-See**" = **Sumpf-See** (durch die Tieferlegung des Wasserspiegels wurden die früheren Sümpfe in Ackerland verwandelt); lasu = Sumpf, Morast: **Lausitz** = **Morastiges Waldland**; — sweri = Tier: **Schwerin** = **Tierort**; — jessen = Esche, davon Jessenik, in deutscher Form (mährisches) **Gesenke** = **Eschenwaldgebirge**; līpa = Linde: **Leipzig** (Lipsk) = **Lindenstadt**; krschak, krak = Gesträuch oder Gebüsch: **Krakau** = **Buschort**; — zito = Getreide oder Korn: **Zittau** (Zitawa) = **Getreidestadt**, „Kornheim"; — halitsch = Salz: **Galizien** = **Salzland**; — strel = Pfeil, darnach strēlici, **Strelitz** = **Schützen**.

**Breslau** ist nach **Wratislaf** (dem sagenhaften Gründer der Stadt), **Bunzlau** nach **Boleslaf**, **Prenzlau** nach **Pribislaf** benannt.

## Ungarn und Siebenbürgen.

Im **Ungarischen** lauten die Vokale wie im Deutschen; nur das kurze **a** wird nicht rein ausgesprochen, sondern neigt etwas zu o hin (steht aber dem a näher als dem o): Magyar (fast módjōr). — Der Ton liegt ohne Rücksicht auf Länge oder Kürze stets auf der ersten Silbe des Wortes: Bakony (bákonY)-Wald. — \*Durch den Accent (´) wird in der ungarischen Schreibweise die Länge des Vokals angedeutet: Károly(kārŏj), Mehádia (mehādYā, \*ă zu o hinneigend); — ő=ö, ö=ŏ.

**s** = sch: Kőrös (körösch), Maros (márosch), Temes (témĕsch); Buda-Pest (búda-pescht), Fogaras (fógărăsch), Kesmárk (késchmărk), Lugos (lúgŏsch), Ménes (mēnĕsch); — **sz** = ſs (ſcharfes s): Szamos (ſsámosch); Jász Berény (jāſs bĕrēnY), Szántó (ſsāntŏ), Szegedin (ſségĕdin), Szent Miklós (ſsent miklōsch); — **v** = w: Orsova (órschŏwă), Szigetvár (ſsigĕtvār), Temesvár (témĕschwār), Vásárhely (wāschārhĕj), Veszprim (wéſsprīm), Világos (wilāgosch); — **z** = s: Hód Mezö Vásárhely (hōd mésö wāschārhĕj), Zulatna (sălătna), Zenta (sénta), Zombor (sómbor); — **cs** = tsch: Gross-Becskerek (bétschkĕrek), Kecskemét (kétschkĕmēt), Mohács (móhātsch), Munkács (múnkātsch), Trencsén (trénschēn); — **cz** = tz: Debreczen (débrĕtzĕn), Oravicza (órăwitza); — **gy** = dj: Felegyháza (féledjhāsa), Gyöngyös (djŏndjŏsch), Nagy Bánya (nádj bānja, faſt nódj bānja), Nagy Károly (nádj kāröj), Nagy Sziget (nádj ſsíget), Nyiregyháza (njíredjhāsa).

**Ungariſch:** vár (wār) = Burg, vásárhely (waschărhĕj) = (Marktort), Markt, egyháza (édjh˘sa) = (Kirche, Kirchdorſ), ...kirchen, templom = Kirche; Miklós (míklŏsch) = (Nikolaus), Niklas, Károly (karöj) = Karl; vas (wasch, faſt wosch) = Eiſen, bánya (banjă) = Bergwerk, székes (ſsekĕsch) = Stuhl, bezeichnet eine hohe Gerichts-Behörde; — fejér (féjĕr), = weiß, uj = neu, nagy (nádj, faſt nódj) = groß, szent (ſsent) = Sankt, heilig; — fel = (auf), ober, felső (félschŭ) = ober.

**Temesvár** = Burg (des Komitates, d. i. des Diſtriktes) **Temes. Maros Ujvár** = (Neuburg an der Maros), **Maros-Neuburg, Szamos Ujvár** = **Szamos-Neuburg, Maros Vásárhely** = (Marktort an der Maros), **Maros-Markt; Felegyháza** = **Oberkirchen. Nagy Bánya** = **Großes Bergwerk** und **Felsö Bánya** = **Ober-Banya** (in der Nähe dieſer beiden Orte ſind Gold- und Silbergruben). **Szent Miklós** = **Sankt Niklas. Nagy Károly** = **Groß-Karl**=(Stadt).

Mehrere Städte haben ungariſche und deutſche Namen, ſo: **Vasvár** = **Eiſenburg, Székes Fejérvár** = **Stuhlweißenburg** (die Stadt war lange Zeit Reſidenz der ungariſchen Könige und Sitz der höchſten Gerichts-Behörden). **Fejértemplom** = **Weißkirchen.** — Ofen = Buda (ungariſch), daher: **Budapest.** — Karlsburg in Siebenbürgen hieß früher Weißenburg; daher jetzt ungariſch **Károly Fejérvár** = **Karl-Weißenburg**;

den Namen **Karlsburg** führt die Stadt nach dem Kaiser **Karl VI.**, der 1711—1740 regierte.

Zu Ehren von dessen Tochter **Maria Theresia** (1740—1780) ist **Maria Theresienstadt** (auch: Maria Theresiopel) benannt. **Klausenburg** liegt an der Straße, welche von Siebenbürgen nach Ungarn in einer Enge oder „**Klause**" zwischen den Bergen hinführt. — Selbstverständlich: Rote Turmpass; Kronstadt, Grosskirchen, Fünfkirchen, Steinamanger (Ort Stein am Anger), Neusatz (neuer Sitz).

Erdő = Wald, ország (órsäg) = Land, darnach: **Erdély Ország** (érdēlÝ órsäg) = **Waldland**, auch bloß Erdély, ungarischer Name von Siebenbürgen; letztere Bezeichnung kommt von einer deutschen Ansiedlung am Berge Szeben, ursprünglich **Szebenburg**, jetzt deutsch Hermannstadt, ungarisch Nagy Szeben, Groß-Szeben.

**Lateinisch**: silva = Wald, trans = jenseits; die Ungarn (in deren Reichstag früher lateinisch gesprochen wurde) nannten Siebenbürgen **Transylvania** = **Land jenseits des Waldes**, und darnach entstand die Benennung: Transylvanische Alpen (an der Grenze von Transylvania).

## Holland und Belgien.

Im **Holländischen** spricht man a, e, i, o; aa, ee, oo, ie, sowie die meisten Konsonanten gerade so aus, wie im Deutschen: Insel Ämeland; Drénthe; Aalst, Álkmaar, Ámsterdam, Árnhem, De Hélder, Delft, Dókkum, Doornik (oder Tournay), Édam, Haarlem, Hoorn, Rótterdam; aber

**u** = ü: Ütrěcht; — **y** = ei: Het Y, Dyle, Kórtryk, Ryswyk, Ypěrn; — **eu** = ö: Leeuwarden; — **oe** = ū: Roor; Broek, Loewen, Roermond; — **ui** = eu: Énkhuisen, Sluis; **ou** = au: Ouděnaarde.

**ch** und **g** haben fast ein und denselben Laut (dem deutschen ch ähnlich, aber tiefer in der Kehle gebildet): Insel Walchēren, Groningen (chröningen); — **v** lautet wie ein weiches f: Děventer, s'Grávenhage, Helvoetsluis (hélfūtslcus), Kooverden, Venlo, Vlárdingen, Vlíssingen; — **x** = ss: Insel Texel (téssel); — **z** = (weiches) s: Zuider-Zee (seuder-see), Zeeland; Bergen op Zoom, Zaandam, Zütphen, Zwölle; — **sch** = s-ch (getrennt): Ter Schélling, s'Hertōgenbosch, Schēvcningen Schiedam (s-chīdam).

**Französisch** (s. S. 16—18): Jemappes (schemápp), Malplaquet (malplakḕ), Quatrebras (katrbrā); — **ie** = i-e: Verviers (werwyē̄, rs stumm); — **ou** = u: Bouvines (buwīn); — **ay** = ä: Tournay (turnā); — **u** = ü: Namur (namür); — **eu** = ö: Fleurus (flörü);

36 Das deutsche Reich, Deutsch-Österreich, die Schweiz.

— oi = oa: Charleroi (scharlrŏa); — ll = lj: Ramillies (rámΥlji oder rámΥji); — a: Belle Alliance (bell ajäls); — o: Mons (mŏ); â: Mont St. Jean (mŏ sü schä).

**Holländisch**: zee = See, drecht (trecht) = Flußübergang, aarde = Erde, Land; — burg = Burg; — hértog = Herzog, graaf = Graf, bosch (bos-ch) = Busch, hage = Hain; — dam = Damm; zuider (seuder) = Süden, middel = Mitte; — oude (aude) = alt; — het = das, 's = des.

**Zuider-See** = Süd-See (im Gegensatz zu der Nordsee): **Het Y** = Das Y (der Meeresteil hatte früher Ähnlichkeit mit dem lateinischen und holländischen Buchstaben Y, jetzt ist ein Teil desselben trocken gelegt). **Amsterdam** (früher Amsteldam) = Damm an der Amstel (welche hier in das Y fließt); **Zaandam** = Damm an der Zaan. **Utrecht** (oude trecht) = Alter Flußübergang; **Maastricht** = Maas-Übergang (lateinisch: Mosae Trajectus). **'s Hertogenbosch** = Herzogenbusch; **'s Gravenhage** = Des Grafen Hain. **Middelburg** = Mittelburg. **Oudenaarde** = Alte Erde, altes Land (Schlacht 1708).

Keltisch: magus = Feld; — nŏvi = neu. **Nymegen** (Noviomagus) = Neufeld.

**Französisch**: mont (mŏ) = Berg; roi (roa) = König: Charles (scharl) = Karl, Jean (schä) = Johann; — bras (brā) Arm; — alliance (ajäls) = Vereinigung, Bund; — (Fem.) belle (bell) = schön, saint (sü) = Sankt; — quatre (katr) = vier.

**Mons** = „Bergen", **Mont St. Jean** = Berg Sankt Johann. **Charleroi** = König Karl (von Karl II. von Spanien — † 1700 — gegründet). **Belle Alliance** = Schöne Vereinigung, Schönbund (Schlacht 1815). **Quatrebras** = Vier Arme. **Holland** (früher Holtland) = Holzland, Waldland.

## Das deutsche Reich, Deutsch-Österreich, die Schweiz.

**Aussprache: oe** (niederdeutsch) = ō: Itzehoe, Koesfeld, Soest (sōst); — *in **ow** (slavisch) ist w unhörbar): Warnow (wárno), Finow-

Das deutsche Reich, Deutsch-Österreich, die Schweiz. 37

Kanal; Téltow, Tréptow; — **ul** = ū in Duisburg (dūsburg). —
*Bourtanger (būrtanger) Moor; — **ch** (im Anlaut) = k: Chām,
Chiem=See, Chémnitz; — **v** = f: Hohes Voen (fen); Dievenow
(dīfēno); Vĕgĕsack, Vérden, Villach (fílläch), Wilhelmshaven.
Betonung: Éderkopf; Lútschine, Riénz, Úrseren=Thal,
Engadīn, Tessīn, Veltlin (feltlīn); — Áltŏna, Ārŏlsen, Blan-
kenēse, Dawōs, Éldĕna, Gästein, Glātz, Gŏschĕnen, Greifs-
wᾱld, Ídria, Lĕōben, Málmedy, Merᾱn, Óttĕnsen, Sämāden,
Strūlsund, Thōrn, Trῖént, Trῖést.
**Französisch** (s. S. 16—18): Berg Chasseral (schásseral); Ere-
mitage (eremitāsch), Le Locle (le lokl); — **é** = é, **è** = ē: Bel-
védère (belwedēr); **au** = o: Lausanne (losānn); — **ey** = ē: Vevey
(wéwĕ); — **gn** = nj: Martigny (mártinji); — **a**: Sanssouci (sāsuſsi,
**ou** = u); — **ô**: Berg Chasseron (schass'rŏ), La Chaux de Fonds
(la schō dĕ fŏ), (**eu** = ö): Montreux (mŏtrŏ), Nyon (njŏ), Yverdon
(iw'rdŏ), deutsch: Yferten; — **ä**: St. Maurice (sä morīſs).

Viele deutsche geographische Namen sind von selbst
verständlich:

Nordsee, Ostsee; Insel Reichenau; Elbsandsteingebirge,
Erzgebirge, Eulengebirge, Habichtswald, Vogelsgebirge; Bay-
rischer Wald, Böhmerwald, Frankenwald, Thüringerwald;
Hochwald, Niederwald; — Feldberg, Keilberg, Kreuzberg,
Schafberg, Schneeberg; Schneekopf, Kaiserstuhl, Königstuhl,
Dachstein, Weißenstein; Katzenbuckel; Landskrone, Sturm-
haube; — Königsee; — Schwarzwasser, Weißwasser; — Aar-
gau, Baden, Liechtenstein, Salzkammergut, Schwarzburg,
Thurgau, Unterwalden, Vierlande, Waldeck.

Burg, Altenburg, Neuburg, Neuenburg, Klosterneuburg;
Blankenburg, Rothenburg, Weißenburg; Schönburg, Freiburg;
Judenburg, Waldenburg, Moosburg, Salzburg, Wasserburg;
Straßburg.

Stadt am Hof, Reichsstadt; Heiligenstadt; Neustadt, Glück-
stadt; — Hof, Königinhof; — Neumarkt; — Altdorf, Burgdorf,
Jägerndorf, Großjägerndorf, Mühldorf; — Oberhaus, Nord-
hausen; Fischhausen, Mühlhausen; — Hohenheim, Lauben-
heim, Mühlheim, Rosenheim; — Feldkirch, Hochkirch, Weiß-
kirchen; Fünfkirchen; — Bruck, Brugg, Innsbruck, Saarbrücken,
Zweibrücken.

Grünberg, Leuchtenberg; Freiberg, Reichenberg; Lands-
berg; Schmiedeberg; Andreasberg, Johannisberg; Hirschberg,
Weinsberg, Silberberg, Kupferberg, Eisenberg, Bleiberg;
Schneeberg; Mühlberg; Friedberg. — Stein, Oberstein, Reichen-

stein, Königstein; Lichtenfels, Weißenfels; Stolzenfels; — Wilhelmshöhe.

Reichenbach, Roßbach; — Münden, Gmünd, Swinemünde, Travemünde, Weichselmünde; Gmunden; — Furth, Fürth, Ochsenfurt, Schweinfurt: — Neufahrwasser.

Friedland. — Breitenfeld; Fürstenfeld, Birkenfeld. Brückenau. Hohenschwangau. Freienwalde. Weingarten. Landeck. Hohenlinden.

Baden, Brunnen, Schönbrunn, Warmbrunn; Salzbrunn. — Eisenerz.

Landshut (Landeswehr). — Herrnhut (in des HErrn Hut).

Der große **St. Bernhard** wurde nach dem „**heiligen Bernhard**", dem Stifter des Hospizes, benannt. — **Joachimsthal** führt den Namen zu Ehren **Joachims**, des Vaters der Jungfrau Maria, **St. Gallen** nach **Gallus**, der 614 im Süden vom Bodensee ein Kloster erbaute, **Bamberg** nach den **Babenbergern**, in deren Land sich die Stadt unter Heinrich II. (1002—1024) erhob, **Königsberg** nach seinem Gründer, dem König Ottokar von Böhmen (1255), **Karlsbad** zu Ehren **Karl IV.**, der, wie gesagt wird, 1347 den Sprudel auf der Jagd entdeckte. **Johanngeorgenstadt** wurde unter dem sächsischen Churfürsten **Johann Georg I.** 1654, **Karlsruhe** von dem Markgrafen **Karl** 1715 gegründet. **Ludwigslust** wurde von dem Großherzog Christian **Ludwig** 1756 zur Sommerresidenz erwählt. **Friedrichshafen** verdankt dem König **Friedrich I.** von Württemberg (1797—1810), **Ludwigshafen** (1843 angelegt) dem König **Ludwig I.** von Bayern (1825—1848) seinen Aufschwung. **Wilhelmshaven** wurde unter dem preußischen König und deutschen Kaiser **Wilhelm I.** erbaut (und am 17. Juni 1869 mit diesem Namen belegt). **Marienburg** trägt den Namen zu Ehren der Jungfrau **Maria**; desgleichen: **Frauenfeld** („Unserer Lieben Frauen Feld"), **Frauenburg, Fraustadt**; **Annaberg** wurde nach **Anna**, der Mutter der Jungfrau Maria. **Charlottenburg** nach der Churfürstin Sophie **Charlotte** (1695), **Theresienstadt** (in Böhmen) nach der Kaiserin **Maria Theresia** (1740—1780) benannt.

Der **Schwarzwald** ist mit **dunklen, düsteren Tannenwäldern** bewachsen: daher sein Name. Nach **Fichten** ist das **Fichtelgebirge** und der **Fichtelberg**, nach dem Gestein das rheinische **Schiefergebirge** benannt. **Odenwald** = Wald des (Gottes) Odin. Das **Siebengebirge** zeigt sieben hervorragende Berge. — Koppe, Kuppe = **Berggipfel**; daher **Schneekoppe, Wasserkuppe**. — Nach der Form: **Dreisesselberg, Ochsenkopf, Taufstein, Zuckerhutfelsen, Gross-**

glockner; — nach der weißen Gestalt: **Jungfrau**, (weißgekleidete Nonne im Gegensatz zum: Mönch); das **Wetterhorn**, sein Haupt oft in Wolken hüllend, wird als **Wetter=Verkünder** betrachtet; — **Lauter** = **klares Wasser; Schwarzawa** = **Schwarzwasser**. — Der **Vierwaldstätter-See** ist nach den „**Waldstätten**" der Urkantone: Uri, Schwyz, Unterwalden und Lucern benannt; — Bruch, Moos, Ried = **Moor**; daher: **Oderbruch, Donaumoos, Donauried**. — **Graubünden** = **Grauer Bund** (derselbe wurde 1424 beschworen; das Wappen ward auf grauen Grund gemalt). **Hennegau** = **Haingau**. **Goldene Aue** heißt das überaus fruchtbare Thal der Helme. **Österreich** = **Östliches Reich**.

**Habsburg** = **Habichtsburg**; **Homburg** = **Hohe Burg**; **Naumburg** = **Neuenburg**; **Oldenburg** (niederdeutsch) = **Altenburg**. — **Schaffhausen** = **Schiffhausen** (Schiffsstation). **Einsiedeln** hat den Namen nach einer Einsiedelei. **Neunkirchen** = **Neuenkirchen**. — Hütte deutet auf **Bergbau: Königshütte** (in Schlesien), **Hüttenberg** (in Kärnten). Hall (ursprünglich keltisch), wird mit Salzgewinnung in Verbindung gebracht: **Schwäbisch Hall, Hall** am Inn, **Halle** an der Saale, **Hallstadt, Leopoldshall, Reichenhall**; **Hallein** = **Klein=Hall**. — **Frankfurt** = **Furt der Franken**; **Stendal** (niederdeutsch) = **Steinthal**; **Stuttgart** (Stutgarden) = **Stutengarten** (nach einem Gestüt).

Alt= und **mittelhochdeutsch**: Sle = Röhre, daher: **Schlei** = enger, langgestreckter Meeresteil; — hart = Wald: **Harz** und **Hardt** = **Waldgebirge**; **Spessart** (Spechteshart) = **Spechtswald**; — hun = hoch: **Hunsrück** = **Hoher Bergrücken**; — fen (vergl. S. 24) = Sumpf, Moor: **Hohes Veen** = **Hohes Moor**; elf (vergl. S. 27) = **Fluß**, darnach: **Elbe**; aar = **Fluß**; daher: **Aar** (in der Schweiz), **Ahr** (in der Rheinprovinz); aha, ach = **Fluß**, Wasser: **Salzach** = **Salzwasser**; — sund = Süden: **Sundgau** = **Südgau**; — diet = Volk, diutisch = das Volk betreffend, volkstümlich: **Deutsche Sprache** = **Sprache des Volkes** (im Gegensatz zum Lateinischen, der Sprache der Ge=

lehrten), weiter: **Die Deutschen, Deutschland**; franc = frei: **Franken = die Freien** (Unabhängigen); sahs (sachs) = Schwert: **Sachsen = Schwertmänner.**

Wárid, werder = Insel: **Marienwerder = Marieninsel**; — stad = Gestade (Ufer), darnach: **Stade** (an der Elbe); — över = Ufer, han = hoch: **Hannover = Hohes Ufer**; — elch = Elentier, wanc = Feld: **Ellwangen** (Elchenwanc) = **Feld des Elentiers**; — hac = kleiner Wald, ōwa = Au: **Hanau** (Hagenowa) = **Waldige Au**; — brunno = Brunnen, hailac = heilig: **Heilbronn** (Hailagbrunno) = **Heiliger Brunnen**; — vik = Ort: **Schleswig** = Ort an der Schlei; — michel = groß: **Mecklenburg** (Mekelenburc) = **Große Burg**; — luzil (lützel) = klein: **Lützelburg** (Luxemburg) = **Kleine Burg**; — scōni (scauni) = schön: Schauenburg, **Schaumburg** = **Schöne Burg.**

**Lateinisch** (von den Römern benannte, sowie im Mittelalter mit lateinischen Namen belegte Orte und Gebiete): Conflŭéntia = Zusammenfluß (von Rhein und Mosel), jetzt: **Koblenz**; — Colōnȳa (Agrippīna): **Köln = Ansiedelung**; — palatium = Palast (des Landesherrn), darnach: die **Pfalz**; — curia = **Amtshof**, daher: **Chur**; — castéllum = Citadelle, **kleine Festung: Castel** und **Cassel**; — spécula = Wachturm, **Warte: Splügen=Paß**; — tabérna = **Herberge: Zabern=Paß**; — célla = Zelle eines Mönches (einer Nonne): **Celle** (in Hannover); — ábbas = Abt: **Appenzell = des Abtes Zelle; Mariazell** (in Steiermark) = **Zelle der Maria.** — monastērium = **Kloster**; darnach: **Münster**; — vicus = Ort: **Braunschweig** (Brunōnis vicus) = **Ort des Bruno** (von dem sächsischen Herzog Bruno gegründet wahrscheinlich 861); — lacus = Seen, inter = zwischen: **Interlaken = Zwischen den Seen.**

**Keltisch**: carn = Fels: **Karnische Alpen** (bestehen aus Kalkstein, sind wild zerrissen); — dun, danu = Höhe, davon: **Taunus = Die Höhe**; — Renus, jetzt: **Rhein = Der Fließende**; — dur, dubra = Wasser, darnach: **Thur**

und **Tauber**; — dāna = mutig, ungestüm; dem keltischen Wort dana haben die Deutschen ahwa, auwa = Fluß hinzugefügt; so entstand: Danauwa, jetzt: **Donau** = Der ungestüme Fluß; — liăc = Stein: **Lech** (Licus) = Steinfluß; — briga = Berg: **Bregenz** (Brigantium) = **Bergort**; — ebor = Sumpf, Ried, dūnum = Burg: Eborodunum, jetzt: **Yverdon** = **Burg im Ried** (gelegen).

**Litauisch**: báltas = weiß; die Ostsee wird auch das **baltische Meer**, d. i. das **weiße Meer**, genannt (dasselbe ist einen großen Teil des Jahres zugefroren und das Eis ist mit Schnee bedeckt).

**Griechisch**: Θήκη = Ort, wo etwas aufbewahrt wird; πίναξ (Gen. πίνακος) = (Brett, Zeichnung), Gemälde, γλυπτός = (in Stein oder Erz gegraben), in Stein gemeißelt; — darnach: **Pinakothek** = „**Gemäldehaus**", und **Glyptothek** = „**Statuenhaus**" (in München).

**Französisch**: souci (sufsi) = Sorge, sans (sā) = ohne: **Sans-souci** = Ohnesorge, „Sorgenfrei" (Lieblingsschloß Friedrichs II. von Preußen); — **Eremitage** (eremitāsch) = **Einsiedelei** und **Fantasie** = (Idee), **Gefallen**, Lustschlösser bei Baireuth. — (**Italienisch**: béllo = schön, vedēre = sehen, belvedēre = schön sehen, davon das französische) **Belvédère** (belwedēr) = **Schönsicht** (kaiserliches Schloß in Wien). St. **Maurice** (in der Schweiz) = **Sankt Moritz**.

Die Insel **Rügen** führt den Namen nach dem Volksstamm der **Rugier**. — **Rudolstadt** (früher Rudolfsstad) = **Stadt des Rudolf**; — **Ansbach** (Onoldisbach) = **Bach des Onold**. — Im Jahre 15 v. Chr. gründeten die Römer am Lech Augusta Vindelicorum = Augusta (im Lande) der Vindeliker, später: Augustburc, Augstburg, „Ougsburg", jetzt **Augsburg** = **Augustusburg**.

# Asien.

## Das asiatische Rußland.

**Aussprache** des Russischen (s. S. 29).

Betonung: Béring-Straße; Aléuten, Kurílen; Nówăjă Semljá; Kap Lopátka, Taimýr, Tscheljúskin; Altáī-Gebirge, Mugodschár-Gebirge, Jáblonŏī-Chrebét, Stanowóī-Chrebét; Elbrús, Kasbék, Klīūtschéf; — Aldán, Amú, Amúr, Anadýr, Angárā, Arás, Chatánga, Émba, Íli, Indigírka, Irkút, Irtisch, Ischím, Jakút, Jána, Jenisséī, Kerúlen, Kolíma,

Léna, Nertschá, Ochót, Olékma, Olének, Rión, Schílka, Selengá, Tungúska, Wýljui (ui Diphthong), Wittím; — Arál-See, Baikál-(See), Balkásch=See, Issikkúl, Ssaisán=See; — Akmolínsk, Chíwa, Dhagestán, Ferghaná, Kamtschátka, Semipalátinsk, Semirjétschensk; Bŭräten, Jakúten, Lamúten, Ostjäken, Tschúktschen; — Alexandrófsk, Alexandrópol, Barnăúl, Beresóf, Blagowéschtschensk, Buchára, Irkútsk, Jakútsk, Jenisséýsk, Hásret, Khokán, Kiachta (kjáchta), Krasnojársk, Kusnétsk, Kutáýs, Nertschínsk, Nikolajéfsk, Níschnyj Kolímsk, Obdórsk, Ochótsk, Petropawlófsk, Potí, Samarkánd, Schemachá, Suchumkalé, Taschkénd, Tjumén, Tobólsk, Werchojánsk, Wjérnŏje, Wládywŏstók.

**Russisch:** semljá = Erde, Land, chrebét = Bergrücken, Gebirge; — die Endung sk bezeichnet eine Stadt, pol (griechisch πόλις) = Stadt, palátka = Zelt; — wladíka = Herr, Beherrscher, kusnétz = Schmied, Nikoláý = Nikolaus, jábloni = Apfelbaum, lopáta, lopátka = Schaufel, wŏstók = Osten; — nówyj (Fem. nówăja) = neu, wjérnyj (Neutr. wjérnŏje) = zuverlässig, sicher; — wérchnyj = ober..., níschnyj = nieder..., sem = sieben.

**Nowaja Semlja** = **Neues Land**, **Kap Lopatka** = Schaufel-Vorgebirge (nach seiner breiten, abgeflachten Gestalt so genannt). **Jablonoi-Chrebet** = **Apfelbaumgebirge.**

**Jenisseisk** = Stadt am Jenissei, **Tobolsk** = Stadt am Tobol, **Tomsk** = Stadt am Tom, **Wiljuisk** = Stadt am Wiljui; bei **Irkutsk** mündet der Irkut in die Angara, die dann obere Tunguska heißt; **Jakutsk** liegt an der Mündung des Jakut in die Lena, **Nertschinsk** an der Mündung der Nertscha in die Schilka, **Ochotsk** unweit der Mündung des Ochot in das Meer, **Omsk** an der Mündung des Om in den Ob, **Werchojansk** = Ober-Jana-Stadt (an der Jana), **Nischnij Kolymsk** = Nieder-Kolyma-Stadt (am Kolyma). **Kusnetsk** (am Tom) = Schmiede-Stadt (1618 unter tatarischen Schmieden angelegt). Der Peterpaulshafen heißt russisch **Petropawlofsk**; **Nicolajefsk** = Stadt des Nicolaus (des 1825—1855 regierenden Kaisers), **Alexandropol** (in Transkaukasien) = **Alexander-stadt**. **Alexandrofsk** = **Stadt des Alexander** (zu Ehren des am 13. März 1881 ermordeten Kaisers **Alexander II.** benannt); **Semipalatinsk** = **Stadt der sieben Zelte** (nach den sieben Priester-Zelten, die zur Zeit der Gründung hier standen, mit diesem Namen belegt). **Wjernoje** = **Die Sichere**. **Wladiwostok** = **Beherrscher des Ostens**.

Blagoweschtschénje = (Fest der) Verkündigung Mariä: **Blagoweschtschensk** = **Stadt der Verkündigung Mariä** (so genannt, weil wahrscheinlich die erste dort erbaute Kirche der „Verkündigung Mariä" geweiht war).

**Türkisch** (tatarisch, persisch): arál = Insel, stan = Land, kul, kal = See, tscha = Wasser, kand, kend = Wohnsitz, Ort, hasret = Residenz, Hauptstadt; — altan = Gold, tasch = Stein, kum = Sand; — buchar = Wissenschaft; — kísil = rot, gök = blau, bai = reich, íssik = warm, balkásch = weit ausgedehnt.

**Altai** = **Goldgebirge**; **Aral-See** = **Insel-(reicher) See**, **Baikal** = **Reicher See** (reich an Fischen), **Issikkul** = **Warmer See** (in demselben finden sich warme Quellen), **Göktscha** (in Trans-Kaukasien) = **Blaues Wasser**, **Balkasch-See** = **Weit ausgedehnter See**. — Wüste **Kisil Kum** = (Wüste des) roten Sandes. **Turkistan** = **Land der Türken**.

**Taschkend** = **Steinort**, **Samarkand** = **Ort des Samar**. Die Stadt Turkistan heißt auch **Hasret** = **Hauptstadt**. **Buchara** = **Stadt der Wissenschaft** (berühmt durch Pflege der Wissenschaften; das Gebiet von Buchara hat noch einen eigenen Khan oder Herrscher).

In der Sprache der Eingeborenen heißt kir = Wüste, darnach **Kirgisen** = **Wüstenbewohner**; dónke, davon **Tungusen** = **Menschen**; tschéktscho, **Tschuktschen** = **Leute**.

**Tiflis** (Tepelisi) heißt, wie Teplitz, soviel als **Warmbrunn** (nach seinen warmen Schwefelquellen).

Die **Beringstrasse** führt den Namen nach dem Seefahrer **Bering** (1728), das Kap **Tacheljuskin** ist nach dem Seemann **Tscheljuskin** benannt, der 1743 die Nordspitze Asiens umfuhr.

## Das chinesische Reich.

**Aussprache(Betonung):** Formōsa, Hongkóng, Macao(makāú); Karakorūm; Hŏángho, Jángtsekīáng; Koreä, Ost-Turkistān, Tibet; — Cantón, Fūtscheu, Gártok, Girinūla, Jarkánd, Kaschgār, Kukuchōto, Lása, Schánghai, TYéntsin, Urgá. Urúmtsi. — Dūlăï-Lāma.

Die einsilbigen Wörter der chinesischen Sprache können nicht verändert, sondern nur zusammengesetzt werden. In ähnlicher Weise wie im Chinesischen bildet man im Deutschen durch Aneinanderfügung von Wörtern Bezeichnungen, wie: Nord=See, Ost=See, Land=See, See=Land, Neu=See=Land u. s. w.

**Chinesisch:** hai = Meer, schan = Gebirge, kïáng = Strom, ho = Fluß; tschüén = Fluß, tsin = Furt; mo = Wüste; — king = Hauptstadt, Hoflager, tschin = Platz, thián, tïén = Himmel; — kin = Gold, tschu = Perle, scha = Sand; — tschung = Mitte; pe = Nord, tong = Ost, nan = Süd, sı = West; — ngan = Ruhe; — pei = weiß, hŏáng = gelb, ta = groß; — mai = kaufen, mai mai = kaufen und ver= kaufen, handeln; — schang = ober, hïá = unter, das Untere; lse = vier. — *Fu bezeichnet eine Stadt ersten Ranges oder eine Stadt mit einer Präfektur und tscheu (d. i. Bezirk) eine solche zweiter Ordnung oder die Hauptstadt eines Bezirks.

**Tong hai** = Ostmeer, **Nan hai** = Südmeer; **Hai nan** = (Insel im) **Süden des Meeres** (im Südmeer); — **Hoang hai** = **Gelbes Meer. Thian schan** = **Himmelsgebirge.** — Unweit Canton vereinigt sich der **Si kiang, Weststrom,** der **Pe kiang,** Nordstrom und der **Tong kiang,** Oststrom zu dem **Tschu kiang** = **Perlenstrom.** — Der **Jang tse kiang,** d. i. der **Strom** von (der alten Provinz) Jang heißt im untern Lauf, wo er sehr breit und tief und für große Schiffe fahrbar ist, **Ta kiang** = **Großer Strom** und weiter aufwärts **Kin scha kiang** = **Strom mit Goldsand, Goldsandstrom. Pei ho** = **Weißer Fluß** (an demselben liegt Peking): **Hoang ho** = **Gelber Fluß** (derselbe gräbt sein Bett tief in die gelbe Erde, in den

Löß ein und ist gelb gefärbt). — **Scha mo** = **Sandwüste.** — **Schan tong** = (Provinz im) **Osten des Gebirges. Schan si** = (Provinz im) **Westen des Gebirges. Ho nan** = (Provinz im) **Süden des Ho** (d. i. des Flusses), **Sse tschuen** = (Provinz der) **vier Flüsse,** (Vierstromland). — Die Chinesen nennen ihr Reich **Tien hia, des Himmels Unteres** oder: Das unter dem Himmel, d. i. die Erde. (*Die Übersetzung „himmlisches Reich" ist unrichtig).

**Pe king** = **Nordhauptstadt; Nan king** = **Südhauptstadt; Tschung king** = **Mittlere Hauptstadt,** mittleres Hoflager; — **Tong king** (Landesname) = **Östliches Hoflager-**(Gebiet). — **Tien tsin** = **Himmelsfurt. Mai ma tschin** (Mai mai tschin) = **Handelsplatz. Schang hai** = **Obermeer** (die Stadt ist vom Meere etwas aufwärts gelegen). **Si ngan** (fu) = **Ruhe-**(Ort) **im Westen.**

**Mongolisch** (und türkisch): dagh = Gebirge; korum = Gebirge, mur, muren = Fluß, nur = See, choto = Stadt; — téngri = Himmel, khan = König; kuku = blau, kára = schwarz.

**Karakorum** = **Schwarzes Gebirge; Tengri dagh** = **Himmelsgebirge** (mongolisch-türkischer Name des Thian schan). **Tengri khan** = **Himmelskönig** (der höchste Berg im Thian schan). — Kara muren, jetzt **Amur** = **Schwarzer Fluß.** — **Tengri nur** = **Himmelssee** (in Tibet); **Kuku nur** = **Blauer See.** **Kuku choto** = **Blaue Stadt.**

**Gobi** = **Wüste. Urga** = **Residenz** (Sitz eines hohen Priesters der Buddhisten).

**Tibetisch:** tschu = Fluß, tso = See, sa = Statt, Stätte, gar = Lager; — La = Gott, nam = Himmel; bri = Kuh (des Yak oder des Grunzochsen); — tok = das Oberste.

**Bri tschu** = **Kuhfluß** (so wird der obere Jang tse kiang im östlichen Tibet genannt). Der Tengri nur heißt in Tibet: **Nam tso** = **Himmelssee.**

**Lasa** = **Gottesstatt,** Stätte Gottes. **Gartok** = **Das oberste Lager** (der Ort wird nur im Sommer bewohnt).

Die Bewohner von Tibet nennen ihr Land Bod oder **Bodyul** = Land **Bod**; darnach: **But an** = **Ende von Bod** oder von Tibet (Staat im Himalaya) — an = Ende. **Portugiesisch**: formōso (fem. formōsa) = schön: **Formosa** = **Schöne Insel**; — mandār = befehlen; darnach führen die obersten Beamten in China den Titel: **Mandarinen** = (etwa) **Befehlshaber**.

## Japan.

**Aussprache** (Betonung): Insel Jésó, Kÿūschū, Nippón. Schikókū; Lūtschū- (japanesisch: Rÿūkÿū-) Inseln; — Meeresströmung Kúroschiō; — Vulkan (Fúdschīnóyáma oder gewöhnlich) FúdschÏsán. — Hákodáte, Hÿōgo, Kÿōto (oder Miyáko oder Saikÿō), Nágasáki, NÏÏgátn, Osáka, Tōkÿō (oder Yédó). Yókoháma.

**Japanesisch** (und chinesisch): sáki = Vorgebirge, háma = Strand, pon = Ursprung, kóku = Land, schu = Distrikt, Kreis; kÿō = Hauptstadt; — miyá = Residenz, ko = Platz, (nítu), ní = Sonne; schiō = Salzwasser, Meerwasser; — tō = Ost, sai = West; — kúro = schwarz, nága = lang, yóko = quer, mi = hoch, erhaben; — schi = vier, kÿu = neun. **Nippon** = **Sonnen-Ursprungs-(Land)**; **Kyuschu** = (Land der) **neun Kreise**; **Schikoku** = (Gebiet der) **vier Länder**. — **Kuro Schio** = **Schwarzes Meerwasser** (Name einer Meeresströmung).

**Tokyo** (früher **Yedo** oder **Flußthor**) = **Osthauptstadt**; **Saikyo** = **Westhauptstadt** (heißt auch **Miyako** = **Residenzplatz** und **Kyoto** = **Hauptstadt**). **Yokohama** = **Querstrand**. **Nagasaki** = **Langes Vorgebirge**.

Kádo = Thor, **Mikado** = **erhabenes Thor**, davon zunächst die Bezeichnung des kaiserlichen Palastes und dann **Mikado** als Titel des Herrschers selbst.

Aus Nippon, der chinesischen Übersetzung der einheimischen Benennung Hinó móto, ist (in irgend einem Dialekt) der nunmehr allenthalben gebräuchliche Name **Japan** entstanden.

Die Straße **La Perouse** (la pĕrūs) ist nach dem Seefahrer **La Perouse** benannt, der dieselbe im Jahre 1787 durchfuhr.

# Ostindien.

### Ostindische Inseln, Hinterindien, Vorderindien.

**Aussprache** (Betonung): Golf von Manáār, Golf von Martăbān; — Andămānen, Bánda=Inseln, Lakkădīwen, Malădīwen, Molúkken, Nikŏbāren; — Ambŏīna, Bánka, Billiton, Bórnĕo, Coilŏn (Seilŏn), Celēbes, Elephánta, Dschilōlo oder Halmahēra, Jāwa, Lābŭan, Luzon (lusón), Madūra, Mindanăŏ, Mindŏro, Palāwan, Pulo Pīnăng, Sumbāwa, Ternāte, Tīmór, Tīmŏrlāŭt; — Kap Buru, Kap Komórin; — Himălăya, Windhÿa=Gebirge; — Dhawalagīri, Gaurisánkar oder Mount Everest (maunt éwĕrĕst), Kantschintschínga, Tschamalūri; — Brahmapútra, Dschémna, Godáweri, Iráwadi, Kawēri, Mahanadī, Mekhóng, Mēnam, Nerbāda, Salŭēn, Sétledsch; — Sánderbans, Tarāī; — Annām, Assām, Bérma, Butān, Dékhan, Gudscherāt, Hindustān, Kambōdscha, Kaschmīr, Koromándel, Ladák, Lahōl, Málabar, Malákka, Meisŭr, Nepāl, Pendschāb, Sīām, Tenásserim.

Achmedăbād, Allahăbād, Amrítsar, Aurengăbād, Bamō, Bándschermássing, Bangalör, Bángkŏk, Bătāvia, Benāres, Benkulen, Bombay (bómbē), Buitensorg (beutĕnsorg), Colómbo, Ellōrah, Golkónda, Haiderăbād, Hue (hŭē), Kanpūr, Katmándu, Késcho, Madrás, Mandalē (englisch Mandalay), Mangkássar, Manīla, Masulipătām, Multán, Murschidăbād, Nagpūr, Pādang, Palémbang, Pĕgū, Point de Galle (point de gāll, singhalesisch: Gállē), Pouditschérri, französisch: Pondicherry (pŏdischerī), Pontīānak, Pūna, Rangūn, Sāīgon, Samūrang, Seringapŭtām, Singapūr, Srīnăger, Sūrăbaia, Surāt, Travánkur, Trinkonŏmāli, Tschándernăger.

**Sanskrit** und **Hindustani**: dwīpa (dīwa) = Insel; — gīri = Berg, Gebirge, síndhu = Strom, nadī = Fluß; — pūra, pūr = Stadt, pátna = Stadt, nāger = Stadt; ālaya = Wohnung, káta = Grund, heiliger Platz; — Brahma(n) = ist der Name des höchsten Gottes, Sánkar ist ein Beiname des Gottes Siwa, Sri = Göttin des Segens, des Glücks, Kali = Göttin des Schicksals, rádscha = König; pútra = Sohn; — síngha = Löwe, naga = Schlange, jawa = Gerste, Getreide, hīma = Schnee, patha = Weg, dákschina = Süden; — dhawala = weiß, gauri = weiß, glänzend, máha = groß; — lak (lákscha) = hunderttausend.

**Jawa** (Jawa dīwa) = **Getreide-Insel; Ceilon** (Singhala dwīpa) = **Löwen-Insel**; die Bewohner heißen Singhalesen; **Lakadiwen** (Lakscha dwīpas) = **Hunderttausend Inseln** (die Gruppe besteht aus vielen kleinen Eilanden). — **Himalaya = Wohnung des Schnees. Nilgiri = Blaues Gebirge. — Dhawalagiri = Weißer Berg; Gaurisankar =** Weißer, oder **glänzender** (Gott) **Siwa**. — Sindh (indisch, nach persischer Aussprache Hind, griechisch Ἰνδός, lateinisch): **Indus = Strom**; darnach der Name des Landes: **Indien.** — **Brahmaputra = Brahmasohn; Mahanadi = Großer Fluß.** (Maharadscha = Großkönig). — **Dekhan** (Dakschina patha, Südweg) = Süden, **Südland.**

**Pura = Stadt** (in Gedrosien; hier rastete Alexander der Große nach seinem beschwerlichen Marsche durch die dortige Wüste); **Singapur = Löwenstadt**; darnach ist die Insel Singapur benannt; **Nagpur** (Nagapura) = **Schlangenstadt. Patna** (am Ganges) = **Stadt. Srinager** (auch Kaschmir genannt) = **Stadt der** (Glücksgöttin) **Sri. Kalkutta = Heiliger Platz der** (Schicksalsgöttin) **Kali.**

Ghátta = treppenartiger Aufstieg: die **Ghats** haben ihren Namen deswegen bekommen, weil durch diese steilaufsteigenden, wild zerrissenen Gebirgsketten nur wenige schmale, beschwerliche Pässe nach dem Hochland führen.

**Arabisch** (und **persisch**): stān = Land, ab = Wasser (Nebenbedeutung: Land zwischen Flüssen), abād = Stadt; — Allah = Gott, Hindū = Inder; — häufig vorkommende Personennamen sind: Achméd = der Gepriesene, Haidĕr = Löwe, Murschīd = Führer; Auréngzeb (Zierde des Thrones) regierte als Großmogul von 1656—1707; — pendsch = fünf.

**Hindustan = Land der Inder. Pendschab = Fünfstromland.**

**Allahabad = Gottesstadt; Haiderabad** (am Indus und in Dekhan) = **Stadt des Haider; Achmedabad = Stadt**

des (Schah) **Achmed**; **Aurengabad** = Stadt des Aureng-
(zeb); **Murschidabad** = Stadt des Murschid.

**Chinesisch**: (nan), nam = Süden; — (ngan), an = Friede:
**Annam** = Friede des Südens.
Im **Malayischen** heißt **Timor** Osten und **Timorlaut** = **Nordosten**.
— (Halbinsel) **Malakka** = Land der Malayen.
**Singhalesisch**: palk = Strudel; darnach **Palk-Strasse**. **Colómbo**
= Hafen. **Galle** = Fels.
**Tamulisch**: tschérry = Stadt, pūdu = neu: **Ponditscherry**
(für Pudutscherry) = Neustadt.

**Englisch**: strait (strät) = Meerenge, Straße, mount
(maunt) = Berg; settlement (sétt'lment) = Ansiedlung.
**Mount Everest** = Berg Everest (so wurde der Gau-
risankar von Waugh (ūō), der dessen Höhe auf 8839 m be-
stimmte, zu Ehren des englischen Oberst Everest, des „Vor-
standes der indischen Landesvermessung", genannt). **Straits
Settlements** = Straßenansiedlungen (Niederlassungen der
Engländer an der Straße von Malakka).

**Holländisch**: zorg (sorg) = Sorge, buiten (beuten)
= außer.

**Buitenzorg** heißt (gleich dem französischen Sanssouci)
soviel als **Außersorge** oder Ohnesorge (diese neugegründete
Stadt liegt etwa sieben Meilen südlich von dem sehr ungesunden
Batavia).

Die Portugiesen gaben der bei Bombay liegenden Insel den Namen
**Elephanta**, weil sich an den hervorragendsten Gebäuden außerordentlich
große aus Stein gehauene **Elephanten** zeigten. Die **Philippinen** sind
nach dem König **Philipp II.** von Spanien, die Stadt **Batavia** ist nach
dem alten Volksstamm der **Bataver** (im jetzigen Königreich Holland)
benannt.

# Iran.
## Afghanistan, Beludschistan, Persien.

**Aussprache** (Betonung): Afghanistān, Beludschistān,
Chusistān, Farsistān, Kafiristān, Kuhistān, Laristān;
Aserbeidschān, Chorassān, Gilan, Irāk Adschāmī, Irān,
Masenderān; Elbūrs, Hindukūh, Domāwend; Herirúd; Hīl-
mend, Hamūn=See, UrmÍa=See; — Asterabād, Abuschēhr
(Buschīr), Barfurūsch, Bender Abbās; Dschelálabād, Ghásna,

Hamadān, Herāt, Isfahān, Kābul, Kandahār, Kelāt, Kirmān, Kúndus, Meschēd, Persépolis, Schirās, Tebrīs, Teherān.

**Perſiſch** (und **türkiſch**): stan = Land, irāk = Landſchaft; schan = (belebter Ort, Gegend), Land, kuh = Gebirge, dérja = Meer (großer Fluß), bender = Hafen, abād = Stadt, schehr = Stadt, kand = Wohnſitz, Stadt; — abū = Vater, yar = Freund, kāfir = Ungläubiger; — aser = Feuer; — (bat), beid = Herrſchaft, dschelál = Ruhm; — sēfid = weiß, schāhi = königlich, adschāmī = (nichtarabiſch, „barbariſch"), perſiſch, hindū = indiſch.

**Afghanistan = Land der Afghanen, Beludschistan = Land der Beludſchen, Farsistan = Land der Farſi**, Parsi oder Perſer; **Kafiristan = Land der Ungläubigen; Kurdistan = Land der Kurden; Kuhistan** (im Oſten Perſien's) = **Bergland. Aserbeidschan = Feuer-Herrſchafts-Land** (Land der Feueranbeter). — **Irak Adschami** = (die nichtarabiſche), **die perſiſche Landſchaft. Hindukuh = Indiſches Gebirge; Sefid Kuh = Weißes Gebirge** (die höchſten Gipfel desſelben ſind mit ewigem Schnee bedeckt). — (Derja) **Schahi = Königliches** (Meer).

**Bender Abbas = Hafen des** (Schah) **Abbas. Abuschehr = Stadt des Vaters. Yarkand** (in Oſtturkiſtan) = **Freundesſtadt. Dschelalabad = Ruhmesſtadt.**
**Meschhed = Grabmal** (eines Heiligen). **Teheran = Die Reine.**
ArYa = treu, würdig, edel: **Arier = Die Edlen**; Ariana, ſpäter Erān, jetzt **Iran = Land der Edlen. — Persepolis** (Περσέπολις) = **Stadt der Perſer**, altperſiſch Persakarta (karta = Stadt).

## Arabien, die aſiatiſche Türkei.

**Ausſprache** (Betonung): Golf von Ákăba; Bahrein (faſt bāchrēïn)-Inſeln, Inſel Porīm; Kap Messandōm; Lībanon, Paropāmisus, Berg Erdschiās, Dschebel Mūsa; Hālys, jetzt Kisïl Irmák, Kýdnos, Litāni, Mäander, jetzt Ménderes, Murād. Schatt el-Arab; See Merōm, Wān-See; — Anādōli, El-Ghōr.

## Arabien, die asiatische Türkei.

El-Dschĕsīreh, El-Hāsa, Hadramaút, Ḥedschās, Irāk Arăbī,
Mekrān, Nedschd, Omān, Schammār; Sogdīāna; — Āden.
Adālīa, Aȳdīn, Amāsīa, Angöra, Antȳochra (jetzt Antākȳe),
Asdód, Áskalŏn, Baālbek, Bagdād, Bajesīd, Bássōra (Básra),
Beirūt, Bérgăma (Pérgămūm), Dīārbekr, Dschidda, Edéssa,
Erbīl, Erserūm, Hail (fast Chāȳl), Haleb (italienisch: Aléppo),
Hilleh, Hodēȳda, Hormōs (Ormūs), Iskenderūn, Ismīd, Is-
nīk, Jāfa, Jánbo, Jésrĕēl, Kaisăríe, Kerasūs, Kōnȳa, Ku-
tāhia, Ladakīĕ, Lewkōsȳa (auf Cypern), Manīsa, Maskát,
Medīna, Mékka, Mócha, Mósul, Nābúlus, Palmȳra (Tadmōr),
Ptolĕmais, jetzt St. Jean d'Acre (sā schā d'akr), Sanā, Skū-
tari (Üskŭdār), Sinūb (Sinōpe), Sīwas, Smȳrna, Trebisónd
(Tarabusān), Trípoli (Tarābúlus).

**Arabisch** (und türkisch): dschesīreh = Insel, rās =
Vorgebirge, dschebel = Berg, schatt = Strom, ir-
mák = Fluß, irāk = Landschaft, dar, dȳar = Gehöfte,
medīne = Stadt, schehr (schĕchr, *ch weich) = Stadt,
arab = Arabien, nabī = Prophet; — bab = Thor,
hadd = Spitze; — yémen = die Rechte (die rechte Hand),
scham = die Linke, mándeb = Thräne; — kísil =
rot, éski = alt, arabī = arabisch; — el ist der Artikel.

**Bab el-Mandeb** = **Thor der Thränen** (hier kommen viele
Schiffbrüche vor). **Ras el-Hadd** = **Spitziges Vorgebirge** (der
östlichste Punkt Arabiens). **Dschebel Musa** = **Berg Moses**
(so heißt jetzt der Berg Sinai). **Schatt el-Arab** = **Fluß
Arabiens** (Name des vereinigten Euphrat und Tigris); **Kisil
Irmak** (in Kleinasien) = **Roter Fluß**. — **Yemen** = **Das
Rechte** (das rechts oder im Süden gelegene Land); **Scham**
= **Das Linke** (das links oder im Norden liegende Gebiet,
d. i. Syrien); **El-Dschesireh** = **Die Insel** (das von dem
oberen Euphrat und Tigris inselartig umschlossene Land, früher:
Mesopotamien); **Irak Arabi** = **Die arabische Landschaft**
(zwischen dem unteren Euphrat und Tigris im Gegensatz zu
Irak Adschami, d. i. der „nichtarabischen Landschaft", in Persien).

**Medina** = **Stadt** oder auch **Medinet en-Nabi** = **Stadt
des Propheten**. **Eskischehr** = **Altstadt** (so heißt jetzt das
frühere Doryläum; Sieg der Kreuzfahrer 1097); **Diarbekr**
= **Gehöfte des (Stammes) Bekr.**

**Nedschd** = **Hochland**. — **Hilleh** = **Wohnort** (in der Nähe der Ruinen von Babylon); **Jaobs** = **Quelle**. **Dschidda** = **Großmutter** (nach dem Glauben der Araber liegt daselbst Eva begraben). **Er-Riad** = **Die Gärten** (so genannt nach der Lage der Stadt auf einer fruchtbaren Oase). **Hail** = **Macht**. — (Iskender = Alexander): **Iskenderun** = **Alexanderstadt**, italienische Form: Alexandrette = **Klein=Alexandria** (zu Ehren Alexanders des Großen benannt, nicht von ihm gegründet). — Uszüdār = Eilbote, Kurier, darnach: **Scutari** = **Station für Kuriere**. — (Kúds = heilig): **El-Kuds** = **Die Heilige** (arabischer Name der Stadt Jerusalem.) — **Fellah** = **Ackerbauer**. (Bādi = Wüste, Bedawi), **Beduine** = **Wüstenbewohner**, Nomade. (Hadsch = **Pilgerfahrt**): **Hadschi** = **Pilger nach Mekka**.

**Hebräisch** (und phönizisch): kérta, kert = Stadt, beith, beth = **Haus**, (iru), jeru = **Wohnung**, bāb = **Thor**; — el (chaldäisch il) = **Gott**, sidonīm (saida) = **Fischer**, léhem = **Brot**; schalōm, salem = **Friede**.

(Bab-ilu), **Babylon** = **Thor Gottes**. — **Bethel** = **Gotteshaus**, **Bethlehem** = **Brothaus**, **Bethsaida** = **Fischerhaus**. — **Sidon**, jetzt **Saida** (in Phönizien) = **Fischfang**. — **Jerusalem** = **Wohnung des Friedens**. — *****Salamis** (auf der Insel Cypern) = **Friedensort** (wegen des friedlichen Zusammenwohnens von Menschen aus verschiedenen Ländern so benannt). (Tigrano-kerta), **Tigranocerta** = **Stadt des Tigranes**, eines Königs von Armenien, welcher um 280 v. Chr. seine Residenz hierher verlegte (Schlacht 69 v. Chr.).

(Kērem = Pflanzung): **Vorgebirge Karmel** = **Vorgebirge mit einer gartenähnlichen Anpflanzung**; (lāban = weiß sein): **Libanon** = **Weißes Gebirge** (nach seinen Kalkfelsen so genannt); **Thabor** = **Berg**; (jārad = herabrinnen): **Jordan** = **Abfluß**; (kādar = schmutzig oder trübe sein): **Bach Kidron** = **Trüber Bach**; (rōm = hoch sein): **See Merom** = **Wasser der Höhe**; (kāna = sich herabsenken): **Canaan** = **Niederland** (am mittelländischen Meer; der Name wurde später auch auf das höher liegende Gebiet übertragen); (gālīl = Kreis): **Galiläa** = **Kreis** (oder Gebiet der Heiden); (hēb'r = jenseits): **Hebräer** = **Die von jenseits** (des Jordans) **Gekommenen**, die Eingewanderten.

(Tipsach, in griechisch=lateinischer Form): **Tapsacus** (am Euphrat) = **Furt**, Fluß=Übergang; (berōth): **Beirut** = **Brunnen**; **Zion** = **Burg**; Zarpath (griechische Form **Sarepta**) = **Schmelzhütte**. — *****Sarepta** an der Wolga in Rußland wurde 1765 von den Herrnhutern gegründet und nach dem Ort in Palästina benannt. (Tāmād = Palme): **Tad-**

**mor** = **Palmenstadt**, gleichbedeutend mit dem griechischen Παλμύρα (von Salomo erbaut); — zōr, davon Tyrus, jetzt **Sur** = **Fels**; — (schkem): **Sichem** = **Schulter oder Rücken** (liegt auf der Wasserscheide); (dāmasek = Thätigkeit, Betriebsamkeit): **Damaskus** = **Ort der Betriebsamkeit**; **Jafa** (Yoppe) = **Schönheit**; (gāza = fest machen): **Gaza** = **Die feste** (Stadt); (schāmar = wachen, schomrōn = zur Wache gehörig): **Samaria** = **Ort der Wache**.

Philistäa hieß zuerst die am mittelländischen Meere gelegene Ebene nach dem eingedrungenen Volk der Philister oder Plischti = Auswanderer; daraus entstand **Palästina** = **Land der Auswanderer** (der Name wurde nach und nach auf ein weiteres Gebiet ausgedehnt). **Acco** = (von der Sonne beschienener) **heißer Sand** (späterer Name: Ptolemais); im Jahre 1192 wurde der Sitz des Johanniterordens hierher verlegt und die Stadt nach dem Schutzpatron des Ordens **St. Jean d'Acre** = **Heiliger Johannes von Acco** genannt. — Im „toten Meere" kann kein Fisch leben, und es wird überhaupt nichts Lebendiges in demselben gefunden.

**Aramäisch** (nordsemitisch): tur, tura, davon **Taurus** = **Gebirge**; — al = Salz: **Halys** = **Salzfluß** (jetzt Kisil Irmak). — **Aram** = **Hochland** (Vergl. röm. S. 52).

**Griechisch**: ποταμός = Fluß; — πόλις = Stadt; τράπεζα = Tisch, ἥλιος = Sonne; ἄγκυρα = Anker, ἀνατολή = Sonnenaufgang, Osten; νίκη = Sieg; — νέα = neu, κοῖλος, κοίλη = (hohl), tiefliegend; — τρία = drei, δέκα = zehn; — μέσος = zwischen, πέραν = jenseits.

(Μεσοποταμία), **Mesopotamien** = **Land zwischen den Flüssen** (Euphrat und Tigris). (Κοίλη Συρία), **Cölesyrien** = **Das tiefliegende Syrien** (die Thalebene am Orontes und Leontes zwischen Libanon und Antilibanon). (Περαία), **Peräa** = **Das jenseitige** (das Ost-Jordan-) **Land**. Kleinasien heißt auch **Anatolien** (türkische Form Anadoli) = **Land gegen den Sonnenaufgang, Morgenland**. — **Decapolis** = (Gebiet der) **Zehnstädte** (am oberen Jordan).

Neapolis, jetzt **Nabulus** (in Palästina, früher Sichem) = **Neustadt**; **Heliopolis** = **Sonnenstadt** (Stadt des Sonnengottes Helios (heißt auch Baalbek; liegt in Ruinen): Tripolis, **Tripoli** = **Dreistadt**. — Ankyra, jetzt **Angora** =

**Anker** (nach einer Krümmung so genannt). Trapezunt, jetzt **Trebisond** = (etwa) **Tafelbergstadt** (auf einer viereckigen Felsenfläche gelegen).

$\Sigma\pi\epsilon\iota\rho\epsilon\iota\nu$ = säen, ausstreuen, darnach **Sporaden** = **Zerstreute Inseln**; — $\acute{\rho}\acute{o}\delta o\nu$ = Rose: **Rhodus** = **Rosen-Insel**. — $\alpha\nu\tau\acute{\iota}$ = gegen, gegenüber: Antilibanon, Antitaurus. ($K\alpha\iota\sigma\acute{\alpha}\rho\epsilon\iota\alpha$), Caesarea, jetzt **Kaisarie** = **Kaiserstadt** (seit dem Kaiser Tiberius als römische Provinzial-Hauptstadt so benannt). **Tiberias** wurde von Herodes Antipas gebaut und zu Ehren des Kaisers **Tiberius** (14—37 n. Chr.) mit diesem Namen belegt. — **Antiochia** = **Stadt des Antiochus**. **Seleucia** = **Stadt des Seleucus**. Nicäa (Konzil 325 n. Chr.), jetzt: **Isnik**, so genannt von Lysimachus zu Ehren seiner Gemahlin **Nike** (Viktoria, Siegreiche).

**Lateinisch:** felix = glücklich, desértus (deserta) = öde, wüst; — die Alten unterschieden **Arabia felix** = **Das glückliche Arabien** (Yemen), **Arabia deserta** = **Das wüste Arabien** und **Arabia petraea**, ursprünglich: $\dot{\eta}$ $\kappa\alpha\tau\grave{\alpha}$ $\Pi\acute{\epsilon}\tau\rho\alpha\nu$ $A\rho\alpha\beta\acute{\iota}\alpha$ = Das bei der Stadt **Petra** gelegene Arabien ($\pi\acute{\epsilon}\tau\rho\alpha$ = Fels), gewöhnlich: „Das steinige Arabien".

# Afrika.

## Nord- und Nordost-Afrika.

**Aussprache** (Betonung): Grosse und kleine Sýrte; Ras Dáschan; Átbara, Bahr (bach'r) el-Ábyăd, Bahr el-Ásrĕk, Sōbāt, Tăkásse; Tāna- (oder Tsāna-) See; Bājūda-Steppe, Wüste Sāhărā; Oase Audschīlu, Fessān, Sīwah, Tŭāt; Abessīnyĕn (oder Habesch), Ayr (oder Ásbĕn), Algier (álschir), Amhara (ămāra), Bárka, El-Dschĕsīreh (oder Sennăār), Schoă, Tybésti, Tígre, Tūnis; — Tíbbu, Tŭāreg; — Abu Hamed (chamed), Abūkīr, Alexandría, Aksūm, Assŭān (früher: Syēne), Benghasi (benchāsi), Bérber, Bōna, Chartūm, Cēūta, Damyétte (türkisch: Damyāt), Dóngŏla, Tāsókl, Fĕs, Ghadames (chadămēs), Gíseh Gōlétta, Góndăr, Ismăílya, Kāïro, Kárnak, Kénnĕh, Kōrósko, Kōssēyr, Lúksŏr, Mágdălă, Mărókko (oder Mărākesch), Măssāŭa, Mékinĕs, Mogădor, Mursūk, Orān, Philippville (philippwill), Port Sayd, Rosétte (türkisch: Raschīd), Syūt, Sŭăkīm, Sués, Tafilēt, Tándscha (oder Tándscher), Tărābŭlus (früher: Trīpŏlis), Tetŭān.

**Altägyptisch:** kemi = schwarz: **Kemi** = **Das Schwarze** ist der alte Name Ägyptens (nach dem schwarzen Nilschlamm,

Nord= und Nordost=Afrika.

welcher gegen den weißen oder gelblichen Wüstensand scharf ab= sticht); ùah = Station, davon (griechisch ῎Οασις): **Oase** = (mit Gras und Bäumen bewachsene) **Station in der Wüste**.

Men = Wohnung, néfer = gut, Mennefer, darnach: **Memphis** = **Gute Wohnung**; t'ape, davon **Theben** = **Das Haupt**.

**Nubien** wird aus nūb = **Gold** erklärt (die alten Ägypter haben hier viel des edlen Metalls gewonnen).

**Phönizisch:** kart, kert, davon **Cirta** = **Stadt**, jetzt: Constantine (von Constantin dem Großen neu aufgebaut); — (Karthada), **Karthago** = **Neustadt**. (**Byrsa** = **Burg**). **Utica** = **Station**, Ansiedlung.

**Griechisch:** πόλις = Stadt; — ἥλιος = Sonne, πηλός = Schlamm; — (τρεῖς), τρία = drei. **Heliopolis** = **Sonnenstadt** (Stadt des Sonnengottes). Tripolis (in arabischer Form: Tarabulus) = **Dreistadt**. **Pelusium** = **Schlammstadt**.

Νομάς = Hirte, νομάδες, **Nomaden** = **Hirten**, darnach: **Numidien** = **Land der Hirten**; ὄψις = Antlitz, Gesicht, αἰθός = verbrannt: Αἰθίοπες, **Äthiopier** = **Die im Gesicht** (von der Sonne) **Gebrannten, die Schwarzen; Äthiopien = Land der Schwarzen**. (Ἀλεξάνδρεια), **Alexandria** = **Alexanderstadt** (von Alexander dem Großen 331 v. Chr. gegründet).

**Arabisch:** dschesireh = Insel, dschesaïr = Inseln, dschebel = Berg, bahr (bachr) = (Meer), Fluß, beled = Land; — dscherīd = Palme, Dattelpalme, ghárb = Westen; — ábīad = weiß, ásrek = blau; — el (ul) ist der Artikel.

**Bahr el-Abiad** = **Weißer Fluß**; **Bahr el-Asrek** = **Blauer Fluß**; **Bahr el-Dschebel** = **Bergstrom** (so heißt der weiße Nil im obern Lauf). — **Beled ul-Dscherid** = **Land der Dattelpalmen**. **El-Dschesireh** = **Die Insel** (das vom weißen und blauen Nil und vom Sobat inselartig umschlossene Land, gewöhnlich **Sennaar** = **Flußinsel** genannt). Marokko heißt bei dem Volk **El-Gharb** = **Westland, Abendland**.

El-Dschesaïr, davon **Algier** = **Die Inseln** (die Stadt

ist auf vier Inseln erbaut), nach dem Namen der Stadt: Name des Landes. **El-Obeid** (abiad) = **Die Weiße.** **Wadi** bezeichnet ein nur zur Regenzeit mit Wasser gefülltes, während der Hitze ausgetrocknetes Flußbett; — sāhārā = Steine: (sáhărŭ), Wüste **Sahara** = **Steinige Fläche** (nach dem Wüstensand); kabara = siegreich sein: KāhYră, **Kairo** = **Die Siegreiche.** — **Marakesch** (Marokko) = **Die Geschmückte** (wegen ihrer schönen Lage am Fuß der höchsten Gipfel des Atlas mit diesem Namen belegt).

## Mittel- und Süd-Afrika.

**Aussprache** (Betonung): Drākenberge, Kahlámba-Gebirge, Karee (kărī)-Berge, Nieuweveldberge (nYöwěfeldberche), Roggeveldberge (róchěfeldberche), Zwarte Berge (swárte bérche); Cathkin Peak (kéthkin pīk), Gámbarăgāra, KēnYa, KīlYmăndschāro, UfŭmbĭIro, Winterhoek (winterhŭk); Bahr (bachr) ĕl-Arăb, Bahr ĕl-Ghăsāl, Bénŭe, Cóngo, DschōlYba (der obere Nīgĕr), Kŭssāī, Límpopo, Lŭālăba, Oránje, Sămbĕsi, Sănkŭru. Schāri, Schirē, Vaal (wāl); — MōsYŏatúnya- (oder Victoria)-Fälle; — Bangwĕŏlo-See, Dilōlo-See, Mwūtan-NsĪge, Ngāmi-See, NYássa-(See), TanganyĪka-See, Ukerewe-Nyansa; — Kalăhāri-Wüste, Karrū-Steppe. Adāmāña, Băgírmi, Bāsuto-Land, Betschŭāna-Land, Bórnu, Dămāra-Land, Dār-Fertīt, Dār-Fūr, Grīqua-Land, Kānem, Kordöfān, Sūdān, Ugánda. UnyămwĕSi, Unyōro, WadāY, WāděláY, Folláta, Hăússa, NYám-NYám; — Abĕschr, Beaufort (bofōr), Bloemfontein (blūmfontein), El-ObeYd, Gándo, Kūka, Lădo, Potschefstroom (póts-chefström), Port Elisabeth (ĕleisăbeth), Sēgu, Sōkŏto. Tábora, Timbúktu, Udschídschi.

In den **Neger-Sprachen** werden neue Wörter durch Vorsetzung von Silben gebildet: súngu = weiß; ein Europäer, ein Weißer heißt M sungu, mehrere Weiße werden Wa sungu, ihr Land wird U sungu, ihre Sprache Ki sungu genannt. — U = Land; daher die vielen mit U anfangenden Ländernamen.

Ukerewe heißt eine Insel im ersten Nilquell-See: Nyansa, weiter südlich: **Nyassa** = **See, Wasser; Ukerewe-Nyansa** = **Ukerewe-See,** oder **Victoria-Nyansa** = **Viktoria-See** (zu Ehren der Königin Victoria von England), **Albert-Nyansa** = **Albert-See** (zu Ehren des Gemahls der englischen Königin benannt). — Uganda ist ein fruchtbares Gebiet im

Mittel- und Süd-Afrika.

Nordwesten des Ukerewe-Sees. Usagāra (im Westen von Sansibar) ist von den Deutschen in Besitz genommen worden: die Bewohner heißen Wasagara; etwas westlich davon liegt **U nya mwesi = Mondland** (mwēsi = Mond), **Wa nya mwesi = Bewohner des Mondlandes.**

(Kilima = Berg): **Kilimandscharo = Berg des Regengottes** (der höchste Berg Afrika's); — negíreu = fließen: **Niger** (Nigīr) = **Wasser, Fluß. Sambesi = Strom**; dieser macht die **Viktoria-Fälle** oder die **Mosioatunya-Fälle = Fälle des tosenden Rauchs** (mō sīŏa túnya = hier tost Rauch). — Abántu = Leute, **Menschen**, darnach: **Bantu-Neger.**

Die Hottentotten nennen sich selber **Khoi-Khoin = Menschen**, in ihrer Sprache heißt karra hart: **Karru = Harte** (Fläche); der Boden besteht aus rotem Lehm, der in der heißen Jahreszeit sehr hart wird.

**Arabisch:** beled = Land: — sudānīj = schwarz; — el (es) ist der Artikel.

(Beled es-) **Sudan** = (Land der) **Schwarzen.**

**Englisch:** cape (käp) = Kap (Vorgebirge), pool (pūl) = Teich; port = Hafen, town (taun) = Stadt; — George (dschordsch) = Georg: falls (fāls) = Wasserfälle. **Capetown = Kapstadt. Georgetown = Georgsstadt. Port Elisabeth = Elisabeth-Hafen. — Stanley Pool = Stanley-Teich**, Teich des Stanley (stänlī), der 1877 den ganzen Congo befahren hat. **Stanley Falls = Stanley-Fälle.**

Die **Livingstonefälle** haben ihren Namen nach dem Afrikareisenden **Livingstone** (geſt. 1873).

**Französisch:** ville (will) = Stadt, fort (fōr) = Festung; — beau (bō) = schön. **Leopoldville = Leopoldsstadt** (am Congo, zu Ehren des Königs der Belgier Leopold II., des Protektors des Congostaates, benannt). **Beaufort = Schöne Festung** (im Kapland).

**Holländisch:** berg (berch) = Berg, veld (feld) = Feld, hoek (huk) = Spitze, fóntein = Quelle; — drake = Drache, bloem (blūm) = Blume, rógge (róche) = Roggen;

kloof = (Riß), Kluft; — winter = Winter; — nieuw
(nÏöw) = neu, zwart (swart) = schwarz.
**Nieuweveldberge** = **Neufeldberge**, **Roggeveldberge** =
**Roggenfeldberge** (Roggeveld, am Fuß dieser Berge, benannt
nach dem ähnlich wie Roggen im Winde wogenden hohen
Gras); **Drakenberge** = **Drachenberge**; **Zwarte Berge** =
**Schwarze Berge**. **Winterhoek** = **Winterspitze**, „Winter=
berg" (im Norden von der Kapstadt). — **Kloofs** = **Klüfte**
(so heißen die tief eingerissenen Pässe, welche durch die Gebirge
des Kaplandes führen).
**Bloemfontein** = **Blumenquelle**.

Von dem **Compassberg** genießt man eine weitumfassende Aussicht und
kann sich auf demselben „**gut orientiren**"; daher wurde er 1766 mit diesem
Namen belegt; der **Oranjefluss** und die **Oranjefluss-Republik** wurden zu
Ehren des Hauses Oranien benannt. **Transvaal-Republik** = **Republik
jenseits des Vaal**, eines Quellflusses des Oranje (Vaal, benannt nach dem
Rheinarm Vaal in Holland). Beide Freistaaten heißen auch Republiken
der **Boers** (būrs), d. i. der **Bauern**. — Das 1637 gegründete **Pieter-
maritzburg** (Petermoritzburg) führt den Namen zu Ehren eines Führers
der holländischen Bauern.

## Ost= und Westküste Afrikas, die Inseln.

**Aussprache. Spanisch** (S. 12—13). Jeder Vokal selbständig:
Ríŏ Gránde, SŸérra Lĕōne; zwei nebeneinanderstehende Vo=
kale etwas getrennt: Pīco de Tëÿde. — (Betonung): Kap Mogă=
dór; — Fĕrnándo Po, Tenĕrīfa.
**Portugiesisch** (S. 13). Vokale wie im Spanischen und Teut=
schen: Annobōn, Kap Delgādo, Sofāla; zwei nebeneinander=
stehende Vokale etwas getrennt: Algŏă=Bai, Delăgŏă=Bai, Ma=
dĕÿra; Kap Guárdafúï; — \*ŏ = ü: Kap Nēgro; — c = fs: Prín-
cÿpe; — **ch** und **j** = sch: Seychéllen, Kap Bojădōr; Fúnchal; —
**g** (und **gu** vor e und i) = g: Angōla, Benguéla; — **qu** = k: Ángră
Pĕqueña, QuilÿmāneQuīlŏă; — **s** = sch: Lāgos (lūgŭsch); —
**v** = w: Kap Vérde; — **z** = s: Kap Lópĕz, Mozămbīque; — **lh**
= lj: Kap Agulhas (agúljasch); — **nh** = nj: Tristān da Cúnha.
— Nasallaut õ: São (saõ) Thŏmé, São Paŭlo de Lŏánda.
**Französisch** (S. 16—18): **ou** = ū, **u** = ü, **ain** = ă, **on** = õ
(t, s stumm): Insel Bourbon (burbõ) oder Réunion (re-ünÿõ), St
Louis (sä lūÿ).

Ost= und Westküste Afrikas, die Inseln. 59

**Englisch** (S. 21—23): ee = ī, a (und ai) = ā, oo = ū, ow = au;
St. Helena (sänt hélĭnü, e = i); Cape Coast Castle (kāp kōst
kās'l), Freetown (frītaun), Jamestown (dschāmstaun), Longwood
(longwūd); — *th: Bathurst (bǎthŏrst, u = ŏ); — sion = sch'n:
Ascension (ǎsénsch'n).

Betonung: Busen von Bēnin, Busen von Bĭáfra; Amĭránten,
Comóren, Mascarēnen; Ánnŏbon, Madăgáscar, Nóssibḗ, So-
cótŏra; Gámbĭa, Ogōwe, Sénĕgal; — Adschān, Aschánti,
Dahŏmē, Felláta=Länder, Gabūn, Guinea (gĭnēa, Hǎússa=Länder,
Kamĕrūn, Libērĭa, Nātāl, Sŏmáli=Halbinsel, Togó=Land. —
Abomē, Antănănarīvo, Bímbĭa, Kismāju, Kumássi, Mak-
dischu, Mălímba, Mĕlínde, Mōnrōwĭa, Mpŭápŭa, Tamă-
tāwe, Wĭtu.

Die Küsten von Afrika wurden im fünfzehnten und
sechzehnten Jahrhundert von den Portugiesen und Spaniern
erforscht; daher viele portugiesische und spanische Benenn=
ungen.

**Portugiesisch:** bahia (bāĭa) = Bai, ángra = Bai,
ilha (ílja) = Insel, cabo (cabŭ) = Vorgebirge, púnta
= Landspitze, Spitze, lāgōă = Sumpf, Morast, lago
(lagŭ) = See (Sumpf); — pórto = Hasen; príncĭpe =
Fürst, Prinz, pálma = Palme, funchal (fúnschal) =
Fenchelfeld, madeĭra = Holz, agulha (ägúlja) = Nadel,
Magnetnadel, córrénte = Strömung, (ánno = Jahr),
ánnobon = Neujahr, natal = Weihnachten, espĕ-
ránça = Hoffnung, gŭárda = Vorsicht! — pequeno
(pĕkēno) = klein, vérde = grün, negro (nēgrŭ) =
schwarz, bom (bō), fem. boă = gut, dĕlgado = schlank,
tormĕntōso = stürmisch; são (saō) = Sanft, heilig;
— bojar (bōschar) = anschwellen, vorragen, fúĭ = ich
war; = o (u) = der, a = die, de bezeichnet den Genitiv
(mit dem Artikel: do, da); — tres (tresch) = drei.

(Bahia de Lagoa), **Delagoa-Bai = Bai des Sumpfes**
(nach der Küstenbeschaffenheit benannt). **Angra Pequena =
Kleine Bai** (darnach Name des Küstenlandes). **Madeira =
Holzinsel** (war bei der Entdeckung ganz mit Wald bedeckt).
(Ilha do) **Principe = Prinzen=(Insel). Sao Thomé =**

**Sankt Thomas. Annobon = Neujahrs=(Insel)**, wurde am Neujahrstage 1471 entdeckt. — **Kap Verde = Grünes Vorgebirge; Kap Negro = Schwarzes Vorgebirge; Kap Delgado = Schlankes Vorgebirge; Kap Bojador = Vorragendes Vorgebirge;** (Cabo das palmas), **Kap Palmas = Palmenvorgebirge; Kap Correntes** (spanisch: Corrientes) = **Kap der Meeresströmungen; Cabo de Tres Puntas = Vorgebirge der drei Spitzen;** — **Kap Agulhas = „Nadelkap"** (hier ändert sich die Deklination der Magnetnadel).

**Port Natal = Weihnachtshafen** (Vasco da Gama verbrachte hier das Weihnachtsfest 1497). — **Lagos =** (die) **Seen. Funchal** (auf der Insel Madeira) **= Fenchelfeld.**

Im Jahre 1486 erreichte Bartholmäus Diaz nahezu den südlichsten Punkt Afrikas; da er aber dort das Meer sehr stürmisch fand, wagte er nicht weiter zu segeln und nannte das Vorgebirge, bis zu welchem er gekommen, Cabo tormentoso, d. h. stürmisches Vorgebirge; in der frohen Erwartung, daß dasselbe bald umfahren werde, gab ihm König Johann II. von Portugal den Namen **Cabo da boa esperança = Kap der guten Hoffnung.** — Den ursprünglichen Namen des östlichsten Punktes von Afrika haben die Portugiesen in **Guardaful** umgeändert, d. h. **Vorsicht! Ich war** (da); hier ist die Schiffahrt sehr gefährlich.

**Spanisch:** cabo = Vorgebirge, siérra = Gebirge, rīo = Fluß, león = Löwe; hierro (fiérro) = Eisen, mīna = Mine, Bergwerk, cruz (crūs) = Kreuz; — blānco = weiß, grānde = groß, sánta = heilig; — el = der.

**Insel Ferro = Eisen=Insel.** (Cabo blanco), **Kap Blanco Weißes Vorgebirge. Sierra Leone = Löwengebirge** (darnach der Name des Küstenlandes). **Rio Grande = Großer Fluß.** — **Elmina = Die Mine** (das Bergwerk) an der Goldküste. **Santacruz = Heiligkreuz** (auf der Insel Tenerifa).

**Englisch:** cape (käp) = Vorgebirge, coast (kōst) = Küste; — castle (käsl) = Burg; town (taun) = Stadt; — ascension (äsénsch'n) = Himmelfahrt; — free (fri) = frei.

**Ascension = Himmelfahrts=(Insel),** 1501 entdeckt und am Himmelfahrtsfest 1508 wieder aufgefunden. — **Cape**

**Coast Castle** = **Burg am Küstenvorgebirge; Freetown** = **Freistadt.**

Die Insel **St. Helena** wurde am 22. Mai 1502, am Tage der heiligen Helena, entdeckt.

**Lateinisch:** liber = frei, darnach: **Liberia** = **Land der Freien** (in dieser durch eine nordamerikanische Gesellschaft gegründeten Republik werden seit 1828 befreite Negersklaven angesiedelt).

**Arabisch** (und persisch): bar = Küste, dar = Distrikt, Gau, (sendsch), sangwe = Schwarzer, Neger; — salam = Friede; — el (es) ist der Artikel.

(Sangwebar), **Sansibar** = **Negerküste. Dar es-Salam** = **Friedensgau** (Hafen an der Küste von Sansibar).

Káfir = Ungläubiger, darnach: **Kaffern** = **Ungläubige** (so wurden zuerst diejenigen Bewohner an der südlichen Ostküste Afrikas genannt, welche sich weigerten, den Islam anzunehmen).

**Reunion** (französisch) = **Wiedervereinigung**; diese Insel wurde den Franzosen 1815 von den Engländern zurückgegeben. **Fernando Po** wurde 1485 von dem portugiesischen Seefahrer gleichen Namens entdeckt; auch **Tristan da Cunha** trägt den Namen des Entdeckers (1506). Die **Maskarenen** sind nach dem Portugiesen **Mascarenho** (maskärénjü) benannt, der diese Inseln 1502 aufgefunden hat. — **Senegambien** = **Land an dem Senegal und Gambia.** — In der dortigen Negersprache heißt **Kong: Gebirge.**

## Amerika.

In der von Columbus 1492 entdeckten „neuen Welt" (in Südamerika) machte der Italiener Amerigo (lat. Americus) Vespucci große Reisen und beschrieb dieselben. Darnach hat der deutsche Gelehrte Walzemüller (Waldseemüller, Hylacomylos) das neuentdeckte Land (1507) Americi terra = **Land des Americus** genannt; daher: **Amerika.**

## Der arktische Archipel, Grönland, Britisch Amerika, die Vereinigten Staaten.

**Englisch** (S. 21—23): c vor e und i = ſs, sonſt k; — **ch** = tsch; — **dg** und **j** = dsch (weich); — **sh** = sch; — **z** = s (weich). — Vokale wie im Deutschen, e am Schluß ſtumm: Mélville=Sund

62 Der arkt. Archipel, Grönland, Brit. Amerika, die Verein. Staaten.

Inſel Manháttăn; Apalachen (apălátschen), Ozárk=Berge, Frémŏnts-Pik; Něbráska, Plátte (e nicht ſtumm), Pŏtómac, Saskátschĕwan; NYāgŭră=Fall; Athăbáska=See, Itásca=See, Wínipeg=See; Alăbāma, Aláska, Arkánsas, Arízōna, Dăcōta. FlōrYda, Kánsas, Labrădōr, ManYtōba, Massachusetts (maſſătschúsetts), Minĕsōta, Mŏntāna, Nĕvāda, Téxăs, Vérmont; — Annápŏlis, AstōrYa, Austin City (ſsítti), Cincináti (ſsinſsínáti), Hālífax, Indianópŏlis, Little Rock, Milegdwille (mílĕdschwill), Mobīle (mōbīl), Náshville, Omăha, Óttŏwa, Quēbeck, Richmond (rítschmŏnd), Savánnah, Tōrónto; — er = 'r, on = 'n: Barrow (bárro, w ſtumm) =Straße, Kap Breton (brét'n); Nelson (néls'n), Red River (red ríw'r), Yellowstone (yéllŏstōn, w ſtumm); Boston (bóst'n), Charleston (tschárlst'n), Denver City (dénw'r ſsitti), Galveston (gálwst'n), Jefferson City (dschéffers'n ſsítti). Kingston (kíngst'n), Trenton (trént'n), Yankton (yánkt'n).

ee, ea, e = ī: Tennessee (ténnĕssī), Tallahassee (tallahássī): Chesapeak (tschesăpīk)=Bai, Peace River (pīſs ríw'r); Erie (īrī)=See; — oo = u: Brooklyn (brŭklin); — i = ei: Pike's (peik's)-Pik, Ohio (ōheiō), Idaho (eidāhŏ); — ou und ow = au: Mount Hood (maunt hud), Mount Hooker (maunt hŭkr), MountShasta(maunt schasta); MountBrown(maunt braun); Charlottetown(tshárlott'taun).

a, al = ā: Davis (dāwis)=Straße, Delaware (delāwăr)=Bai, James (dschāms)=Bai, Kap Race (rāſs); Alleghany (all'gāni)=Gebirge; Fraser (frās'r)=Fluß, Snake River (snāk riw'r), Deer Lake (dīr lāk); — *ai = ā: Saint John (sänt dschon), St. Louis (sänt laYs, oder lūY); — **ai faſt unhörbar in Rocky Mountains (rócki maunt'ns). — a = ă und ā: Baffins (bäffYns)=Bai, Lancaster (lánkäst'r)=Sund, Parry (pärrY)=Inſeln; Long Island (long eiländ), Rhode Island (rōd eiländ), Mackenzie (măckénsi), Champlain (tschämplän)=See, Michigan (mítschigăn)=See, Maryland (märiländ). Cleveland (klīwländ), Portland (portländ).

u = unbeſtimmter ö=Laut: Fundy (föndY)=Bai, Hudsons (hŏds'ns)=Bai, Churchill (tschŏrtschill), Connecticut (konnéctīkŏt), Kentucky (kĕntŏcki), Susquehanah (söskĕhănä); — Buffalo (böffalo). Vicksburg (wicksbörg); — ew = ju: New Hampshire (njū hämpschir), New Jersey (nju dschérsY); New Haven (häw'n), New Orleans (órlĕăns), Newport (njūport), New Providence (prówidens), Newark (njŭärk), New York (njŭyórk); — ol = (naheʒu) eu: Illinois (illYneus), Des Moines (de meun), Detroit (dĕtreut); — w = kurzes u: Kap Farewell (färŭell), Kap Prinz Wales (ŭäls); Whitneypeak (ŭítnĕpīk), Winipeg (ŭínYpeg)=See, Wyoming (ŭeióming). Wheeling (ŭīling), Wilmington (ŭílmingt'n); — a und au = ā: Wabash (ŭăbăsch), Albany (álbäni), Baltimore (báltimōr), Chicago (tschĭkâgo), Great Salt Lake City (grēt sâlt läk [sĭtti), Montreal (montreâl), St. Paul (sânt pâl).

**th**: Smith (smĭth)=Straße, Insel Bathurst (bāthŏrst), Insel North Devon (north dēv'n), Halbinsel Boothia Felix (būthiä fēlix); — Leavenworth (līw'nŭorth).

**Spanisch** (S. 12—13): **J** (**g** vor e und i) = ch; **qu** = k: San Jŏăquín, Los Angĕles. — Bĕrmūda=Inseln; San Francisco. Sántu Fē.

**Französisch** (S. 16—18): **on** = ŏ (**qu** = k): Insel Miquelon (mikelŏ), **ain** = ä: Insel St. Pierre (sä pĭérr).

**Dänisch** (S. 27—28): **aa** = â, **v** = w: Godhaab, Juleaneshaab; — Godhāvn, Upernīvik (in Grönland).

**Englisch**: island (eiländ) = Insel, land (länd) = Land, mount (maunt) = Berg, mountains (maunt'ns) = Berge, Gebirge, river (rĭw'r) = Fluß, lake (läk) = See; — haven (häw'n) = Hafen, port = Hafen, town (taun) = Stadt, city (sĭttĭ) = Stadt, minster (mĭnst'r) = Domkirche, Kloster; — Charles (tscharls) = Karl, James (dschäms) = Jakob, John (dschon) = Johann; — buffalo (bŏffálo) = Büffel, deer (dĭr) = Hirsch, hart = Hirsch, snake (snük) = Schlange, salt (sâlt) = Salz, stone (stōn) = Stein, rock = Fels; — west (ŭest) = Westen; — providence (prówidenſs) = Vorsehung, cóncord = Eintracht; peace (pīſs) = Friede; — great (grēt) = groß, little (litt'l) = klein, new (nja) = neu, yellow (jéllo) = gelb, red = rot, black (bläck) = schwarz, long = lang, rócky = felsig, saint (sünt) = Sankt, heilig; — found (faund) = gefunden; farewell (färŭéll) = lebewohl!

**James-Bai** = Jakobs=Bai; — **Long Island** = Lange Insel, **Newfoundland** = Neugefundenes Land; — **Kap Farewell** = Vorgebirge „Lebewohl!" (so nannten es die Walfischfänger, weil sie es bei ihren Heimfahrten zuletzt aus dem Gesicht verloren). — **Rocky Mountains** = „Felsengebirge"; **Black Mountains** = Schwarze Berge (eine Berggruppe in dem Alleghanygebirge). **Yellowstone River** = Fluß des gelben Steins; **Red River** = Roter Fluß; **Snake River** = Schlangen=

fluß; **Peace River** = Friedensfluß (so genannt, weil an ihm die dortigen Bewohner ihre Streitigkeiten zu schlichten pflegen). — **Deer Lake** = Hirsch=See; **Great Salt Lake** = Großer Salzsee. **New Haven** = Neuhafen, **Newport** = Neuhafen; **Portland** = Hafenland. **Charleston** = Karlstadt. **New Westminster** = Neu=West=Kloster. **St. John** = Sankt Johann. **Hartford** = Hirschfurt (in Connecticut), **Buffalo** = Büffel. **Little Rock** (in Arkansas) = (Ort am) kleinen Felsen. (**Great**) **Salt Lake City** = (Große) Salzseestadt. **Providence** = Vorsehung. **Concord** = Eintracht.

Die **Baffins-Bai** führt den Namen nach dem Seefahrer Baffin (1616), die **Davis-Strasse** nach Davis (1585), die **Hudsons-Strasse** und **Hudsons-Bai** nach Hudson (1610); der **Melville-Sund** wurde 1819 von Parry entdeckt und zu Ehren des damaligen englischen Marineministers Melville benannt; die im Norden davon gelegenen Inseln wurden nach jenem Seefahrer später als **Parry-Inseln** bezeichnet. Die **Bermuda-Inseln** wurden 1522 von Juan Bermuda entdeckt und die **Vancouver-Insel** wurde 1722 von Vancouver (wänküw'r) erforscht. — Das Kap **Prinz Wales** wurde von Cook (kūk) am 9. August 1778 erreicht und zu Ehren des englischen Kronprinzen (Wilhelm) benannt. — Der **Fremonts-Pik** wurde von Fremont 1842, der **Mount** (Berg) **Hooker** von Hooker (hūk'r) 1826, der **Pikes-Pik** von Pike (peik) 1836 entdeckt. Der **Schönwetterberg** wurde nach vorhergegangenen Stürmen am 3. Mai 1778 bei schönem Wetter zuerst von Cook gesehen. — Der **Lorenzstrom** wurde am Tage des Laurentius (Lorenz), am 10. August von Jacques Cartier (schak kartyē) entdeckt; der Fluß **Hudson** wurde zuerst von Hudson (höds'n) 1607, und der **Mackenzie** von Mackenzie (mäckens'r) 1789 befahren. — **Maryland** ist zu Ehren der englischen Königin Henriette Marie 1632 benannt worden. **Rhode Island** bekam diese Benennung wegen der vermeintlichen Ähnlichkeit mit der Insel Rhodus. **Baltimore** führt den Namen zu Ehren des englischen Lord Baltimore, **New Orleans** zu Ehren des Herzogs Philipp von Orleans, der 1715—1723 für den minderjährigen Ludwig XV. die Regierung führte, **Pittsburg** zu Ehren des englischen Ministers William (üillïäm) Pitt († 1778), **New York** zu Ehren des Herzogs von York, des späteren Königs Jakob II. (1685—1688), **Washington** zu Ehren Washingtons, des ersten Präsidenten der vereinigten Staaten (1789—1797).

Spanisch: sıérra = Gebirge, rıŏ = Fluß, angel (ánchel) = Engel; — Jŏaquín = Joachim; fe = Glaube; — montāno (Fem. montana) = bergig, nevado = be=

schneit, colorado = rot, gránde = groß; — san, sánta = Sanft, heilig; — el (plur. los) = der, del (Genitiv) = des.

**Sierra Nevada** = (Beschneites Gebirge), **Schneegebirge**. (Rio) **Colorado** = **Roter Fluß**, **Rio Grande del Norte** = (Großer Strom des Nordens), **Großer Nordstrom**. (Rio) **San Joaquin** = (Fluß) **Sankt Joachim**. **Montana** = „**Bergland**". **Nevada** = „**Schneeland**". — **Los Angeles** = **Die Engel**. **Santa Fe** (in Neu-Mexico) = **Heiliger Glaube**.

In der nach ihm benannten Straße hatte Magalhães viel mit heftigen Stürmen zu kämpfen; das offene Meer im Westen dagegen fand er sehr ruhig, und nannte es: El mar pacīfico, d. i. **das stille Meer**, darnach englisch: The Pacific Ocean (the päfsyfik ósch'n) und **Pacific-Eisenbahn** = **Eisenbahn nach dem stillen Ocean**. — Der (Rio San) **Sacramento** führt seinen Namen nach dem „heiligen Sakrament". — **Austin** wurde nach dem Spanier gleichen Namens benannt, der im Auftrag seiner Regierung 1841 Ansiedler nach Texas brachte. Franziskaner-Mönche gründeten 1796 am großen Ocean eine Missionsstation und hießen sie nach Franz von Assisi, dem Stifter ihres Ordens, **San Francisco** = **Heiliger Franziskus**.

**Französisch**: mont (mõ) = Berg, ville (vill) = Stadt; — moin (möö) = Mönch, Louis (luy) = Ludwig, Pierre (pïérr) = Peter; — detroit (detroã) = Verengung; — ver (wer) = grün, rĕál = königlich, saint (sä) = Sankt, heilig; — de, Plur. des (de) bezeichnet den Genitiv (masc.).

Insel **St. Pierre** = Insel Sankt Peter; — **Vermont** = **Grüner Berg**. — **Montreal** = (königlicher Berg), „**Königsberg**"; **Louisville** = **Ludwigsstadt**. **St. Louis** = **Sankt Ludwig**. **Detroit** = **Verengung** (des Gewässers, in der Nähe des Erie-Sees). **Des Moines** (in Iowa) = (Ort) der Mönche.

**Dänisch**: havn (hawn) = Hafen, haab (håb) = Hoffnung; — god = gut.

**Godhavn** (in Grönland) = **Guter Hafen**. **Godhaab** = **Gute Hoffnung**; **Juleaneshaab** = **Julians Hoffnung**.

**Grönland** = **Grünes Land** (hatte zur Zeit der Entdeckung ein milderes Klima als jetzt).

**Griechisch**: πόλις = Stadt; — ἀδελφός = Bruder; — φιλία = Liebe.

**Annapolis** = **Anna-Stadt**, so genannt zu Ehren der englischen Königin Anna (1702—1714). **Indianapolis** = **Indianastadt**. **Philadelphia** = **Bruderliebe** (die Ansiedlung wurde wegen der daselbst herrschenden religiösen Duldung mit diesem Namen belegt).

**Lateinisch**: virga = Jungfrau; — silva = Wald. **Virginia** = **Jungfrau-Land** (zu Ehren der „jungfräulichen" Königin Elisabeth so geheißen, welche in England 1558—1603 regierte). **Pennsylvania** = **Waldland des** (William — ŭllyäm —) **Penn**, eines Quäkers, welcher sich 1681 daselbst niederließ.

**Carolina** wurde zu Ehren des in England 1660—1685 regierenden Königs **Karl II.**, **Georgia** zu Ehren des Königs **Georg II.** (1732), **Louisiana** zu Ehren des Königs **Ludwig XIV.** von Frankreich (1643—1715), die Stadt **Astoria** zu Ehren des 1848 in New York gestorbenen Millionärs Johann Jakob **Astor**, und die Stadt **Victoria** auf der Vancouver-Insel zu Ehren der englischen Königin **Victoria** benannt.

In der Sprache der Indianer heißt missi Fluß, sippi = groß und **Missisippi** = **Großer Fluß**. — OnYáwgăräh = **Donner der Gewässer**, darnach **Niagara-Fall**.

Nach Orten und Städten in der alten Welt sind benannt: **Almaden** (in Californien), **Boston** (in Massachusetts), **Nain** (Herrnhuterkolonie in Labrador), **Richmond** (in Virginien), **Salem** (in Oregon) u. v. a.

## Mexico, Zentral-Amerika, Westindien.

**Aussprache. Spanisch** (S. 12—13): Jeder Vokal selbständig: TYérra Frīă. Zwei nebeneinanderstehende Vokale etwas getrennt: Pŭérto Rīco, SYérra Mādre; — **b** = v: Insel Tăbāgo; Pŭēbla; — **c** = k: Acapúlco; c = ß, **z** = ß: Citlatépetl, Pik von OrYzāba; — Aztēken; Mazătlán, Pŭérto PríncYpe, Teztūco, Zacătēcas; — **ch** = tsch: Cămpēche-Bai, Berg PYcāche; — **j** (x) = ch: (Fluß) San Jŭán; Oăjāca, San Jŏsē, MéxYco, Uxmal; **v** = w: Vēra Cruz; — **ll** = lj: Antillen, Manzanillo; **n** = nj: Espagñōla; — **gu** = gü: Insel AntīgŬa; Vulkan CosegŬīna; ManāgŬă-See, NicarāgŬă-See, GŬătēmāla; ComăyāgŬă, GŬădalajāra, GŬănajŭāto; — **qu** = k: ChīrYquī-Golf; Querētaro; — **h** ist stumm: Bahāmă-Inseln, GŬanăhānY,

Hāīti; Hondūras; Iztaccíhŭătl; Chīhŭahŭa, Hăbāna, Tehŭŭn̄tepéc. — Der Ton auf der letzten Silbe: Yucatán, León, San Salvădōr; — \*Barbādos, Matŭmōros; — Der Ton auf der vorletzten Silbe: Fonsēca=Bai; Cūba, Grenāda, Sánto Domíngo, Cósta Rīca; Tiérra Templáda, Tiérras Caliéntes; — \*Insel Domīnīca; Cōlīma, Mērīda, San Lūīs Potŏsí.

**Portugiesisch** (S. 13—14): Curação (kurassāō). — **Französisch** (S. 16—18): **ou** = u (e stumm): Guadeloupe (güäd'lŭp); — **qu** = k: Martinique (martinīk); — **aîn** = ä, **în** = ä: St. Croix (sä kröa, x stumm), Port au Prince (port o präss, **au** = o). — **Englisch** (S. 21—23): **i** = ei, (**z** = s): Belize (bĕleis, e stumm); — **ew** = njū: New Providence (njū próvidens); — **w** = ŭ, **a** = ä: Watlings (ŭåtling's)=Insel.

**Spanisch**: cósta = Küste, tiérra = Land, siérra = Gebirge, riŏ = Fluß, püerto (portugiesisch: pórto) = Hafen; — trinidád = Dreieinigkeit, salvadōr = Erlöser, príncipe = Fürst, Prinz, José = Josef, Jŭån = Johann, madre = Mutter; — cruz = Kreuz, dómingo (und in der Kirchensprache: dŏmīnica) = Sonntag; — caliénte = heiß, tĕmplado = gemäßigt, friŏ = kühl, rico = reich, vero = wahr, san, sánto = Sankt, heilig.

(Insel) **Trinidad** = Dreieinigkeit (von Columbus am 31. Juli 1498 entdeckt und zu Ehren der heiligen Dreieinigkeit mit diesem Namen belegt). **San Salvador** (Insel, Staat und Stadt) = **Heiliger Erlöser**. **Dominica** = **Sonntags=(Insel)**, von Columbus am 3. November 1493, einem Sonntag (lateinisch: dies dominica), entdeckt. **Santo Domingo** = **Heiliger Sonntag**. **Puerto Rico**, portugiesisch: Portorico (Insel und Stadt) = **Reicher Hafen**. — **Sierra Madre** = **Mutter= Gebirge** (im Gegensatz zu den Ausläufern). (Rio) **San Juan** = (Fluß) **Sankt Johann**. — In Mexico unterscheidet man: **Tierras Calientes** = Die heißen (Küsten=) Striche, **Tierra Templada** = Die gemäßigte Region, **Tierra Fria** = Das (hochgelegene) kühle Land. — **Costa Rica** = **Reiche Küste**.

**Puerto Principe** (auf Cuba) = **Prinzenhafen**. **San Jose** = **Sankt Josef**. **Veracruz** = **Wahres Kreuz**.

**Haiti** wurde von Columbus **Espagnola** (lateinische Form: Hispaniöla), d. h. **Klein-Spanien**, genannt.

**Französisch**: port = Hafen, prince (präs) = Prinz; — croix (cröa) = Kreuz; — saint (sü) = Sankt, heilig. **St. Croix** (Insel und Stadt) = „**Heiligkreuz**"; **St. Thomé** = **Sankt Thomas**. **Port au Prince** (auf Haiti) = **Prinzenhafen**.

**Englisch**: town (taun), ton = Stadt, king = König: **Kingston** (auf Jamaica) = **Königsstadt**.

**Mericanisch**: tépetl = Berg, Mexitli (méchitli) hieß der Kriegsgott der Mexicaner, cihuatl (ksiŭatl) = Frau, mazatl (másatl) = Hirsch, zacatl (sákatl) = Maisstroh; citlalin (ksítlalin) = Stern; — atl oder a = Wasser; — tlaxcal (tláchkal) = Brot; — iztac (ístak) = weiß, pópŏca = rauchend; nahuac (nanak) = nahe, in der Nähe.

**Citlatepetl** = **Sternberg** (wenn dieser Vulkan thätig ist, glänzt der Gipfel des Berges bei Nacht wie ein Stern); **Popocatepetl** = **Rauchender Berg** (Vulkan); **Iztaccihuatl** = **Weiße Frau** (mit ewigem Schnee bedeckt. *Vergl. Jungfrau, S. 39). — **Anahuac** = (Land) **in der Nähe der Wasser** (d. i. der Seen auf dem Hochlande von Mexico).

**Mexico** = **Stadt des** (Kriegsgottes) **Meritli** (der Name der Stadt wurde auf das Land übertragen). — **Mazatlan** = **Hirschort**. Zacatlan, jetzt (in spanischer Form): **Zacatecas Ort des Maisstrohs**; Tlaxcallan, jetzt: **Tlascala** = **Ort des Brotes**.

Quáhŭitl = Baum, Holz, téma = hinlegen; daraus ist gebildet: qua-temálli, Holzhaufen und Quatemállan, jetzt: **Guatemala** = **Ort der Holzhaufen**.

Die **Fonseca-Bai** wurde 1523 zu Ehren des Bischofs **Fonseca** von Burgos, des damaligen Präsidenten des Indischen Rates, benannt. Die **Antillen** haben ihren Namen nach der fabelhaften Insel **Antilia**, welche die ersten Entdecker in Haiti gefunden zu haben glaubten, und die **Virginischen Inseln**, d. h. **Jungfraueninseln**, bekamen diese Bezeichnung von Columbus 1494 zu Ehren der „elftausend heiligen **Jungfrauen**".

Nach europäischen Städten: **Guadalajara** (in Mexico), **Leon** (in Nicaragua), **Nassau** (auf New Providence).

# Süd-Amerika.

**Spanisch** (Aussprache S. 12—13). Jeder Vokal selbstständig: Maracă Ibo, Valparŭ Iso. Zwei nebeneinanderstehende Vokale etwas getrennt: TYérra del Füēgo; Cāŭca, RIŏ Sălādo; Büēnos Āÿres; — c = k: Ucăyāli; Paß von Cúmbre; ColúmbYa; Súcre, Tămpīco; — ch = tsch: Insel Chilŏĕ, Chíncha-Inseln; PYcāche, PYchíncha; Póngo de Mansĕrícho, LaŭrYcócha-See, Chīle; Cochăbámba; — Gauchŏs; — g = g: Galāpăgos-Inseln: — j = ch: Cōbīja, Lōja; — v und b = w: MontĕvIdĕo, ValdīvYa; Córdŏba; — *b = b (sehr weich): BolīvYa, Frāÿ Béntos; — ll = lj: CordYllēren, Illámpu, IllYmāni, Jorúllo; Llānos; Căllāŏ, Pŭérto Căbéllo, Sabănílla, Trujillo (trŭchíljo); — n = nj: Púnta Păriña; Marañón; — gu = gu: AconcāgŭĂ; PáragŭāÿEnrŭgŭāÿ; La Gŭāÿra; — qu = k: CassiquYāra, EssĕquIbo; Quíto, GŭāÿăquÍl; — h ist stumm: Hŭăllāga, (Paranăhÿba); Hónda; — c = fs, z = s: Insel Juān Fernández; Chimbŏrázo; Venezŭēla; AsuncYón, CYudád Bolivār, ConcepcYón, Cúzco, La Pāz; — der Ton auf der letzten Silbe: Ecŭadór; Cŏlón; — *Púnta Arēnas; Cărácas, MăÿpūrHes; — der Ton auf der vorletzten Silbe: SYérra Nĕvāda de Sánta Márta; AntYsāna, Nĕvādo de Sŏrāta, Săhāma; Apūre, Atrāto, Desagŭădĕro, Mĕta, OrYnóco, RIŏ Colŏrādo, RIŏ de la Plāta, RIŏ Dúlce, RIŏ Sălādo; TitYcāca-See; Wüste Atăcāma; Ambŭlēma, Angŏstūra, Esmĕrálda, LIma, Paramărībo, Pásco, Pásto, Urŭbámba; — *Parŭná, Pĕrū; Bogŏta, CopYăpó, Cumăná, Panămá, Potŏsí.

**Portugiesisch** (S. 13): Zwei nebeneinander stehende Vokale etwas getrennt: (Fluß) MădēYra; DYămăntīna und DYămăntIno; unbetontes o = u: Kap Branco (bránkŭ); RIŏ Brúnco, RIŏ Nēgro; — ou lautet nahezu wie oi: Ouro Preto (ōÿrŭ prĕtŭ); c vor e und i = fs: RecIfe; — j (und g vor e und i) = weiches sch: Insel Marajō; Rio de Janeiro (rIŭ de schanēÿrŭ); — s am Schluß = sch: Minas Geraes (mīnäsch schĕrāēsch); Manaos (mănăŭsch); — x = sch: Xingú; — z = s: Tapăjóz; — qu = k: Kap San Rŏque; — lh = lj: Cordilhēra Gránde; — nh = nj: Sérra Espinhaço (espYnjăfsŭ); Maranhón; — āo = aŏ: Maranhâo (maranjăŏ); São Paulo, São Pĕdro; — āe = aň: Magalhūes (magăljăăsch)-Straße; — ōe = oŏ: Solimōes (solYmŏŏsch). — Betonung: Pernămbūco, Pórto Alēgre, Pórto Sĕgūro.

**Englisch**: a = ā, ow = au (ge = dsch): Kap Froward (fraŭărd), Georgetown (dschórdschtaun); a = ă (w = ŭ): Falklands (făklands)-Inseln, Aspinwall (āspinŭăl).

**Spanisch:** isla = Insel, cabo = Kap, Vorgebirge, tiérra = Land, istmo = Landenge, cordillĕra (kordiljera) = Gebirgskette, siérra = Gebirge, cérro (ßérro) = Bergrücken, nĕvado = Schneeberg, rĭŏ = Fluß, desagŭădĕro = Entwässerer (Abfluß), val = Thal, angŏstŭra = Verengung (enges Thal), cĭŭdád = Stadt, vílla = Stadt; ecŭădŏr = Äquator, galapăgo = Schildkröte, pásto (und pásco) = Viehweide, plata = Silber, esmĕrálda = Smaragd, cabello (kabéljo) = Haar, pilar, Plur. pilāres = (Pfeiler), Säule; — parăiso = Paradies, aīre (aȳre), Plur. aȳres = Luft; fŭego = Feuer, asuncion (asunßiŏn) = Himmelfahrt, paz (pas) = Friede; — colŏrado = rot (farbig), vermejo (wĕrmĕcho) = rot, negro = schwarz, sălado = salzig, dúlce = süß, bŭeno = gut, rĕál = königlich, rīco (Fem. rīca) = reich, argĕntīno = silbern, nevado (Fem. nevada) = beschneit, san (Fem. sánta) = Sankt, heilig; — el (Plur. los) = der, la = die; — de = von (Genitiv).

**Tierra del Fuego = Feuerland,** so genannt von Magalhăes (magaljaäsch) 1520, weil er längs der Küste große Feuer sah, welche er für vulkanische Ausbrüche hielt. **Islas de los Galapagos = Schildkröteninseln. Kap Pilares = Säulenkap.** — *Andes (von dem peruanischen „ánti") bezeichnet Kupfer, oder Metall im allgemeinen; daher: **Cordilleras de los Andes = Ketten des Metallgebirges; Cordillera Real** = „Königs-Cordillere" (in Bolivia mit sehr hohen Bergen). **Sierra Nevada de Santa Marta** = (Beschneites Gebirge), Schneegebirge der heiligen Martha. **Nevado de Sorata =** Schneeberg von Sorata. — **Rio Colorado = Roter Fluß** (in Argentinien), **Rio Vermejo = Roter Fluß** (mündet in den Paraguay), **Rio Negro = Schwarzer Fluß** (an der Grenze zwischen Argentinien und Patagonien), **Rio Salado = Salziger Fluß, Rio Dulce = Süßer Fluß** (Fluß mit Süßwasser). (Rio de) **La Plata = Silberstrom** (von Diego Garcia 1527 so genannt, weil ihm bei seiner Fahrt auf demselben von den

Eingebornen Silber gebracht wurde). **Desaguadero** = **Entwässerer** (Abfluß des Titicaca=Sees nach dem Pansa=See). **El Istmo** = **Die Landenge** (von Panama); die Republik **Ecuador** wird von dem **Äquator** durchschnitten. **Argentinien** = **Land des Silber**=(Stromes).

**Angostura** = (Stadt an der) **Flußenge** (des Orinoco) oder: **Ciudad Bolivar** = **Stadt Bolivar** (des Befreiers der südamerikanischen Staaten von der spanischen Herrschaft). **Puerto Cabello** (in Venezuela) = **Haarhafen**. **Pasto** und **Pasco** = (Ort auf der) **Viehweide**; *darnach: **Cerro** (Bergrücken) **de Pasto** und **Cerro de Pasco**. **Esmeralda** = **Smaragd**. **Valparaiso** = **Thal des Paradieses**. **Buenos Ayres** = **Gute Lüfte**. **La Paz** = **Der Friede**. **Asuncion** = **Himmelfahrts**=(Stadt).

(Plāza = Platz, plazuēla = kleiner Platz, Plätzchen); Venezia = Venedig, **Venezuela** = **Klein-Venedig**; der Entdecker Ojeda (ochēda) sah an der Küste eine auf Pfählen gebaute Stadt, in welcher die Bewohner von Haus zu Haus auf Kähnen fuhren; daher gab er dem Lande diesen Namen. Pāta bezeichnet (Pfote und) großer Fuß: **Patagonien** = **Land der Leute mit großen Füßen.** — **Bolivia** = **Land des Bolivar**. **Columbia** = **Land des Columbus**. *Gauchos = Hirten (auf den Pampas von Argentinien).

**Portugiesisch**: bahia (bā̆ĭa) = Bai, cabo (kăbŭ) = Kap, recife (rĕ̆sĭfe) = Fels, sérra = Gebirge, cordilhera (kordiljēra) = Gebirgskette, rio (rĭŭ) = Fluß, Gewässer, bárra = enger Eingang (in einen Fluß), cidade (sĭdăde) und vílla = Stadt, porto (pórtŭ) = Hafen, o sánto (u sántŭ), Plur. os sántos (usch sántŭsch) = der Heilige; — Paulo (paŭlŭ) = Paulus, Pedro (pĕdrŭ) = Petrus, Rŏque (rōke) = Rochus; — Janeiro (schaneĭru) = Januarius; — madeĭra = Holz, selva (sélwa), Plur. selvas (sélwäsch) = Wald, matto = Busch=werk, mĭna, Plur. minas (mĭnäsch) = Mine, Bergwerk, ouro (ōĭrŭ) = Gold, espinhaço (espĭnjalsŭ) = (Rücken), Bergrücken; — nórte = Norden, sul = Süden; — branco (brănkŭ) = weiß, negro (nĕgrŭ) = schwarz, preto = schwarz, grósso = groß, gránde = groß, béllo (Fem. bélla) = schön, sĕgūro = sicher, alegre = (fröhlich), belebt, gerál (scherúl), Plur. gerāĕs (schĕrāĕsch) = Haupt..., dīămantīno (Fem. dīămantīna) = an Diamanten reich; — são (saŏ) = Sankt, heilig; — todo (tŏdŭ), Plur. todos (tŏdŭsch) = all; — o (u) Plur. os (usch) = der, de = von (bezeichnet den Genitiv), mit dem Artikel o: do (du) = des.

**Bahia de todos os Santos** = **Allerheiligenbai** (am Tage Allerheiligen, den 1. November 1503, entdeckt). Cabo Branco, **Kap Branco** = **Weißes Vorgebirge**. **Cabo de Sao Roque** = **Kap des heiligen Rochus** (am 6. August 1501, am Tage des heiligen Rochus, aufgefunden). **Serra do Espinhaço** = **Gebirgsrücken**. **Cordilhera Grande** = **Große Cordillere** (große Gebirgskette). **Cordilhera Geral** = **Haupt-Cordillere**. — **Rio Branco** = **Weißer Fluß**, **Rio Negro** = **Schwarzer Fluß**. **Rio Grande do Sul** = **Großer Fluß des Südens**, im Gegensatz zu: **Rio Grande do Norte**, d. i. **Großer Fluß des Nordens**. **Madeira** = **Holzstrom** (er führt bei Hochwasser große Baumstämme aus dem Urwald mit sich). — **Selvas** = **Wälder**. **Matto Grosso** = (Großes Buschwerk), **Großer Urwald**. **Minas Geraes** = **Hauptminen, Hauptbergwerke**.

**Bahia** = **Bai**. (Cidade de) **Recife** (de Pernambuco) = (Stadt am) **Riff** (von Pernambuco). **Villabella** = **Schöne Stadt** (in Matto-Grosso). **Porto Seguro** = **Sicherer Hafen**. **Porto Alegre** = **Belebter Hafen**. **Rio de Janeiro** = **Gewässer des Januarius** (so wurde zunächst der Meeresteil, an welchem die Stadt liegt, von Solis genannt, weil er dort am Festtage des heiligen Januarius, am 1. Januar 1501, ankam). **Barra do Rio Negro** = **Enger Eingang in den Rio Negro**. **Ouro Preto** = **Schwarzes Gold**. **Diamantino** (in Matto Grosso) und **Diamantina** (in Minas Geraes) = (Ort) **reich an Diamanten**. **Sao Paulo** = **Sankt Paul**. **Sao Pedro** (do Rio Grande) = **Sankt Peter** (am großen Fluß).

Englisch: town (taun) = Stadt; George (dschordsch) = Georg: **Georgetown** (in Britisch-Guayana) = **Georgsstadt**.

In der **Sprache der Eingebornen** von Südamerika heißt **Orinoco** soviel als **Strom**; pára, darnach **Parana** = **Fluß**, und **Paraguay** = **Papageienfluß**; — ūrau = frei: **Araukaner** (in Chile) = **Freie**. **Petscharäs** = **Freunde** (die Bewohner der Feuerlands-Inseln werden so genannt, weil sie die Fremden mit dem Worte „petschĕrās!" anreden).

Die **Magalhães-Strasse** führt den Namen nach dem ersten Erdumsegler Fernão de **Magalhães** (magaljāŭsch), welcher dieselbe im November 1520 durchfuhr. Die **Falklands-Inseln** wurden zuerst nach dem englischen Lord **Falkland** (fåklend) benannt; später gaben ihnen französische Seefahrer aus St. Malo den Namen Isles Malouines (īls malŭin); daher auch Maluinen. **Juan Fernandez** wurde von dem Seefahrer gleichen Namens im Jahre 1576 aufgefunden. Die südlichste Spitze von Feuerland hieß der Entdecker Schouten (s-chauten) 1616 nach Hoorn, seiner Vaterstadt in Holland, **Kap Hoorn**. Der **Amazonenstrom** erhielt seine Benennung nach den vielen **Amazonen** oder Kriegerinnen, welche die ersten Entdecker an seinen Ufern gesehen haben wollen. — **Aspinwall** ist nach **Aspinwall**, dem Erbauer der Eisenbahn über die Landenge von Panama, **Blumenau** (in Brasilien) nach dem Gründer dieser Kolonie, dem Arzt Dr. **Blumenau** aus Braunschweig, benannt.

Nach europäischen Städten: **Cordoba** (in Argentinien), **Santiago** (in Chile), **Valencia** (in Venezuela), u. a.

## Australien und Oceanien.

**Englisch** (Aussprache S. 21—23): Tórres-Straße, Kap York, Tórrens-See; Dárling; Bállărat, Hóbart, Palmerston (pāmŕstŏn, 1 stumm); — **ey** = **e**: Sidney (sidnĕ); — **ee** = ī, **oi** = eu: Steep Point (stīp peunt), Geelong (gīlong); — **oo** = u: Cook (kūk)-Straße; — **i** und **y** = ei: Elice (ēleis)-Inseln, Kap Byron (beir'n); — **ou** = au: Blue Mountains (blū maunt'ns), Mount Cook (maunt kūk); — **ai** und **a** = ä: Insel Pitcairn (pĭtkärn); Gairdner (gärdn'r)-See; Adelaide (ădĕlăd), Brisbane (brĭsbän); — **a** = å: Ratak (råtăk)- und Ralik (rålik)-Inseln, Sandy-Cape (såndikăp); Queensland (kuinsländ); Victoria (wiktörĭä); Freemantle (frīmăntl), Port Jackson (dschäcks'n); — **u** = unbestimmtes ö (**ch** = k und tsch, **dg** = dsch): Morumbidgi (morŭmbĭdschĭ); Christchurch (kreistchŏrtsch), Dunedin (dönédin), Sandhurst (såndhŏrst); — **ou** = ö in Melbourne (mélbŏrn); — *Murray, ursprünglich Moray, lautet mórră; — **ew** = jū (**ea** = i): Mount Sea View (maunt sī wjū); — **w** = ŭ: Sandwichs (såndŭĭtsch)-Inseln; Kap Wilson (ŭils'n); Neu-Süd-Wales (ŭăls); Port Dárwin (dårŭin), Wellington (ŭéllingt'n); — **au** = å: Auckland (åklånd);

— **th**: Mount Hotham (maunt hóthăm), Perth (perth). — *Mount Kosciuzko (maunt koschúsko), Swan River (swónriw'r); Māŏri (māŭri); — **Kap Leeuwin (lŏwin, holländisch).

Betonung: Carpĕntāria=Golf, Haräfūra=See; Balădēa (oder Neu-Caledōnien), Fídschi- oder Viti (witi)=Inseln, Hawāȳï, Lădrōnen, Marquesas (markēsas)=Inseln, Neu-Guinea (gĭnēa), Neu-Hebrīden, Óahū, Palău=Inseln, Sāla y Gomez (gomés), Sămōa=Inseln, Tăhīti, Tăsmānien (oder Van Dīemensland); Maună Kēă, Mauna Lŏă; Papuă; Honolulu.

**Selbstverständlich**: Große Austral=Bai, Bismarcks=Archipel, Känguru=Insel, Neu=Hannover, Neu=Mecklenburg, Neu=Pommern, Neuseeland; Nordwest=Kap (in Australien); Kaiserin Augusta=Fluß; Kaiser Wilhelmsland. Prinz Heinrichshafen.

**Englisch**: sea (sī) = See, cape (kēp) = Vorgebirge, land (länd) = Land, mount (maunt) = Berg, mountains (maunt'ns) = Berge, river (ríw'r) = Fluß; — castle (käs'l) = Burg, church (tschörtsch) = Kirche; — christ (kreīst) = Christus, queen (kwīn) = Königin; — swan (swon) = Schwan, shark (schärk) = Haifisch, hurst (hörst) = Gehölz; sand (sänd) = Sand; view (wjū) = Aussicht; — blue (blu) = blau, new (njū) = neu, sandy (sändī) = sandig.

**Shark-Bai** = **Haifisch=Bai**. **Sandy Cape** = **Sandiges Vorgebirge** (nach der daselbst gelegenen weißen Sandfläche so genannt). **Blue Mountains** = **Blaue Berge**. **Mount Sea View** = **Berg der Aussicht nach der See**. — **Swan River** = **Schwanenfluß** (es befinden sich viele schwarze Schwäne auf ihm). — **Queensland** = **Königinland** (zu Ehren der Königin Victoria von England so geheißen). **Newcastle** = **Neuburg**. **Christchurch** = **Christuskirche** (auf Neuseeland). **Sandhurst** = **Sand=Gehölz** (Gehölz auf sandiger Fläche).

Das **Korallen-Meer** heißt so wegen der vielen in ihm liegenden **Korallen-Riffe**. Nach Seefahrern sind benannt: **Spencer-Golf, Bass-Strasse, Cooks-Strasse** (und **Mount Cook**), **Torres-Strasse, Kap Byron**. — Die **Osterinsel** wurde von dem holländischen Seefahrer Roggeveen (róchēfēn) am Ostermontag 1722, **Sala y Gomez** durch den spanischen Seefahrer gleichen Namens 1793 aufgefunden. — Die Insel **Tasmania** wurde von Abel **Tasman** 1642 entdeckt; derselbe unternahm seine Fahrt auf

Befehl des **Generalstatthalters van Diemen** in Batavia; daher auch: **Van Diemensland** (bis 1854). — Die **Neu-Hebriden** führen diesen Namen wegen der Ähnlichkeit mit den an den Küsten wild zerrissenen **Hebriden** im Westen von Schottland, die **Schiffer-Inseln** wegen der schön gebauten Kähne und der großen Ruderfertigkeit der Eingebornen. — Die **Botany-Bai** wurde von Cook so geheißen, weil man an der Küste viele neue für einen **Botaniker** interessante Pflanzen fand.

Es wurden benannt: Die **Admiralitäts-Inseln** zu Ehren der englischen **Admiralität**, die **Karolinen** zu Ehren **Karls II.** von Spanien, die **Marianen** zu Ehren der Gemahlin **Philipps IV.**, **Maria** von Österreich, die **Sandwich-Inseln** zu Ehren des englischen Lords **Sandwich**, die **Societäts-** oder **Gesellschafts-Inseln** zu Ehren der **Societät** oder **Gesellschaft** der Wissenschaften, welche die Reise Cooks in den großen Ocean veranlaßt hatte, der **Darling** zu Ehren des Gouverneurs **Darling**, die **Halbinsel Coburg** zu Ehren des Prinzen Leopold von **Coburg**, **Victoria** zu Ehren der englischen Königin **Victoria**, die Stadt **Adelaide** zu Ehren der Gemahlin des englischen Königs Wilhelm IV., **Auckland** zu Ehren des Lord **Auckland**, **Brisbane** zu Ehren des Gouverneurs **Brisbane** (1823), **Melbourne** zu Ehren des englischen Ministers **Melbourne** (1837). — Die Namen der Schiffe **Leeuwin** und **Arnhem** wurden von den Entdeckern beigelegt: dem **Kap Leeuwin** und dem **Arnhemsland**.

**Spanisch**: isla = Insel, marquesa (markèsa) = Markgräfin; ladrón = Dieb.

Islas de los Ladrones, im Deutschen: **Ladronen** = **Diebsinseln** (die Eingebornen zeigten sich den ersten Entdeckern gegenüber sehr diebisch). — Die **Marquesas-Inseln** tragen ihren Namen zu Ehren einer **Markgräfin**, der Gemahlin eines spanischen Vicekönigs von Peru.

**Griechisch**: $\nu\tilde{\eta}\sigma o\varsigma$ = Insel; — $\mu\acute{\epsilon}\lambda\alpha\varsigma$ = schwarz, $\mu\iota\varkappa\varrho\acute{o}\varsigma$ = klein; — $\pi o\lambda\acute{v}\varsigma$ = viel.

**Polynesien** = **Viel-Inselwelt**; **Mikronesien** = **Klein-Inselwelt**; **Melanesien** = **Schwarz-Inselwelt** (nach den dunkelgefärbten Bewohnern so genannt).

**Lateinisch**: térra = Erde, Land; — (auster = Südwind), australis = südlich.

Terra australis, Australia, **Australien** = **Südland**.

In der Sprache der Sandwich-Insulaner heißt Berg: Mauna; — **Mauna Kea** = **Weißer Berg**, **Mauna Loa** = **Hoher Berg**.

## Physische Geographie.

Φύσις = Natur: **Physische Geographie** = **Beschreibung der natürlichen Verhältnisse der Erdoberfläche.**

Ὠκεανός, Ocean = Weltmeer, γράφειν = schreiben: **Oceanographie** = **Meeresbeschreibung**; — (französisch): niveau (nīwō) = Wasserwage: **Meeresniveau** = **Meeresspiegel**; — κόλπος, davon: **Golf** = **Meerbusen**.
**Golfstrom** heißt die Meeresströmung, welche aus dem Golf von Mexico kommt.
(Portugiesisch): sargaço (sårgá[s]ŭ) = **Meergras**, darnach: **Sargasso-Meer** (im atlantischen Ocean).

(Lateinisch: vértex = Scheitel des Kopfes), verticālis = scheitelrecht, senkrecht: **Vertikale Gliederung** = **Gliederung der Erdoberfläche nach Gebirgen, Bergen, Ebenen, Thälern**; — ὄρος = Berg, Gebirge: **Orographie** = **Gebirgsbeschreibung**; — Terrasse = Erdstufe: **Terrassenland** = **Stufenland**; — (französisch): plateau (plätō), **Plateau** = **Tafelland, Hochland**; — depréssio (lateinisch) = Niederdrückung: **Depression** = **Vertiefung der Erdoberfläche unter den Meeresspiegel** (z. B. Becken des toten Meeres).

Ὕδωρ = Wasser: **Hydrographie** = **Beschreibung der Gewässer**; — bifúrcus (lateinisch) = Zweizinkige Gabel: **Bifurcation** = (Zweigabelung), Zusammenhang zweier Stromgebiete durch natürliche Wasserrinnen (z. B. des Orinoco und des Rio Negro durch den Cassiquiare); — (καταῤῥεῖν = herunterfließen), καταράκτης = herabstürzendes Wasser: **Katarakt** = **Wasserfall**. — Der griechische Buchstabe Δ heißt Delta; darnach wird das dreieckig gestaltete Land zwischen den Mündungsarmen eines Stromes **Delta** genannt (die Griechen bezeichneten so zuerst das Mündungs-Gebiet des Nils); — λιμήν = Hafen, darnach: **Liman** = **allmählich sich erweiternde Mündung eines Stromes**, mit Verengung kurz vor der Ergießung ins Meer, besonders gut geeignet zur Anlegung eines Hafens (z. B. Dniepr-Liman); — relictus = zurückgelassen: die **Relikten-Seen** = **Zurückgelassene Seen**, waren ursprünglich Teile eines Meeres.

Cóntĭnens (lateinisch) = zusammenhängend: **Continent** = Zusammenhängendes Land, Erdteil; — ἰσθμός, **Isthmus** = (Hals), Landenge.

Ἀτμός = Dunst, σφαῖρα = Kugel: **Atmosphäre** = **Dunstkugel** (die die Erde umgebende Luft); — pássus (lateinisch) = Schritt, darnach: **Passat-Winde** (von den Holländern so genannt, weil sie „mit sicherem Schritt die Schiffe nach Westen tragen"); — ἀντί = gegen: **Antipassat** = **Gegenpassat**; — masi (malayisch) = Jahreszeit: **Monsune**, französische Form: moussons (musōs) = **Jahreszeiten-**

**Physische Geographie.**

winde; — cálmus (lateinisch) = ruhig, still: **Gebiet der Calmen = Gebiet der Windstillen.**

Κλῖμα = Neigung: **Klima = Neigung** der Erdoberfläche gegen die Pole hin und die sich darnach richtende Witterung; — ζώνη = **Gürtel**, darnach: fünf **Klima-Zonen.**

Θέρος — Sommer; χειμών = Winter; — θερμός = warm, ἴσος = gleich.

**Isothermen = Linien gleicher Jahreswärme** (Linien, welche Orte miteinander verbinden, die gleiche mittlere Jahrestemperatur haben); **Isotheren = Linien gleicher Sommertemperatur, Isochimenen = Linien gleicher Wintertemperatur;** — metěorum (lateinisch) = Lufterscheinung, λόγος = Rede, Lehre: **Meteorologie = Lehre von den Lufterscheinungen, Witterungskunde.**

Vulcānus (lateinisch) = Gott des Feuers: **Vulkan = Feuerspeiender Berg;** — κρατήρ = Mischkrug, Becher: **Krater = Trichterförmige Vertiefung auf dem Gipfel eines Vulkans;** — erúptio (lateinisch), **Eruption = Ausbruch eines Vulkans.** — Fūmo (italienisch) = Rauch; aus **Fumarolen** steigt hauptsächlich **Wasserdampf** auf; — sólfo (italienisch) = Schwefel; den **Solfataren** entströmen vorzugsweise **Schwefeldämpfe;** — mofette (französisch) = schädlicher Dunst; aus **Mofetten** kommt (erstickend wirkende) **Kohlensäure.**

Flōra (lateinisch) = Blumen=Göttin, darnach: **Flora = Pflanzenwelt;** — vegetátio, **Vegetation = Pflanzenleben, Pflanzenwachstum;** — stép (russisch) = **Einöde**, darnach: **Steppen** in Asien; — pústina (slavisch) = **Heide: Puszten** in Ungarn; — (spanisch: llano (ljāno) = flach, daher: **Llanos** = (Baumlose) **Flächen** am Orinoco; — sávana (spanisch) = Bett=Tuch (Fläche), darnach: **Savannen;** — (französisch): prairie (prärī) = **Wiese**, daher: **Prairien;** — pámpa, ein Wort der Quichua (kitschua)=Sprache, bezeichnet Fläche, darnach: **Pampas** in Südamerika.

Faunus (lateinisch) = Schutzgott der Hirten, darnach: **Fauna = Tierwelt.**

Ἄνθρωπος = Mensch: **Anthropologie = Menschenkunde;** — ἔθνος = Volk: **Ethnologie = Völkerkunde;** — mūla (spanisch) = Maultier (von Esel und Pferd stammend), darnach: **Mulatten = Mischlinge von Weißen und Negern;** — mistīcius (lateinisch) = gemischt, davon: mestizo (spanisch), **Mestizen = Mischlinge von Weißen und Indianern;** — zambo ist ein häßliches Tier in Amerika von der Größe eines Hundes (mit einem pferdeähnlichen Kopf): **Zambos = Mischlinge von Negern und Indianern;** — crióllo (spanisch) = in Amerika gebornes Kind: **Creolen = Die in Amerika gebornen Nachkommen** portugiesischer, spanischer (oder anderer) Ansiedler.

## Geschichtliche Geographie.

Θεός = Gott, γάμος = Ehe; — μόνος = allein, πολύς = viel.

**Monotheismus** = Glaube an einen Gott; **Polytheismus** = Glaube an viele Götter; — **Islam** (arabisch) = Ergebung (in den Willen Gottes); — feitiço (portugiesisch) = Zauber, feitiços (Plur.) = Zauberding, davon: **Fetischdienst** = Anbetung von leblosen Dingen oder von Götzenbildern. — **Monogamie** = Einehe; **Polygamie** = Vielehe, Vielweiberei.

Πολιτεία = Staat: **Politische Geographie** = Staatenbeschreibung; — ἀρχή = Herrschaft, μόνος = allein: **Monarchie** = **Alleinherrschaft**; — (lateinisch: constituĕre = festsetzen), Constitution = Staatsgrundgesetz; darnach: constitutionelle Monarchie; — (δεσπότης = Herr, Sklavenherr, Gewalthaber): δεσποτεία, **Despotie** = **Gewaltherrschaft, unumschränkte Herrschaft**; — res (lateinisch) = Sache, Wesen, públicus = öffentlich, gemein: res publica, **Republik** = Gemeinwesen, Gemeinstaat, Freistaat. — **Sultan** (arabisch) = **Großherr**, Kaiser; **Schah** (persisch) = **König**. (*Schach-Spiel = Königs-Spiel). **Schech** (arabisch) = **Häuptling**; **Emir** (arabisch) = **Fürst**; **Imam** (arabisch) = **geistlicher Fürst**.

Τόπος = Ort, daher: **Topographie** = **Ortsbeschreibung**.

## Mathematische Geographie.

Μαθηματική, Mathematik = Größenlehre: die **mathematische Geographie** betrachtet die Erde als Weltkörper und belehrt über **Gestalt, Größe, Bewegung** derselben.

Es gibt Fixsterne, Planeten, (Nebenplaneten oder Satelliten oder Trabanten) und Kometen.

Stélla (lateinisch) = Stern, fíxus = fest: Stellae fixae, **Fixsterne** = **Feste Sterne** (sie verändern ihre gegenseitige Stellung nicht); — (πλανᾶσθαι = wandeln, umher irren): πλανῆται, **Planeten** = **Wandelsterne**; — satélles (Plur. satellites), **Satellit** = (begleitender Diener), **Begleitstern**; — (traben = laufen): **Trabant** = (Begleiter, Leibwächter zu Fuß), **Begleitstern**; — (κόμη = Haar): κομήτης, **Komet** = **Haarstern** (nach dem Schweif so benannt); — (ἀστήρ = Stern, ἀστηροειδής = sternähnlich): **Asteroiden** = **Sternähnliche Körper**, auch **Planetoiden** oder **planetenähnliche Körper** genannt.

Σφαῖρα = Kugel, σφαιροειδής = kugelähnlich: die an den Polen abgeplattete Erde ist keine vollkommene Kugel, sondern ein **Sphäroid**, ein **kugelähnlicher Körper**; — rotāre (lateinisch)

### Mathematische Geographie.

= kreisförmig herumdrehen: rotātio, **Rotation der Erde** = **Umdrehung der Erde um ihre Achse**; — πόλος = Achse: die Endpunkte der Erdachse heißen **Nord-Pol** und **Süd-Pol**. — *Der Nord-Pol der Himmelskugel liegt nahe bei dem äußersten Stern des kleinen Bären; ἄρκτος = Bär; ἀντί = gegen: der Nord-Pol heißt auch der **arktische Pol**, der gegenüber liegende Süd-Pol der **antarktische Pol** (darnach: arktisches und antarktisches Meer, nördliches und südliches Eismeer).
— Aequāre (lateinisch) = gleich machen: **der Äquator** oder **Gleicher** teilt die Erde in die nördliche und südliche Halbkugel; — parallēlus = gleichlaufend: die **Parallel-Kreise** oder **Breiten-Kreise** laufen mit dem Äquator gleich um die Erde bis zu den Polen; — merīdĭes = Mittag: die **Meridiane** oder **Mittagskreise** laufen von Pol zu Pol und durchschneiden den Äquator.

*Der Ausdruck „**Länge**" für die Ausdehnung von Westen nach Osten wurde zuerst von Aristoteles gebraucht. Der den Alten bekannte Teil der Erde (wesentlich die Länder um das Becken des mittelländischen Meeres) dehnte sich vorzugsweise von West nach Ost aus.

Τρέπειν = sich wenden, darnach (lateinisch): trŏpĭci, **Tropen** = **Wendekreise** (nachdem die Sonne senkrecht über diesen Kreisen gestanden und sich am weitesten vom Äquator entfernt hat, wendet sie sich wieder zurück).

Πούς = Fuß, ποδός = des Fußes; — οἰκεῖν = wohnen, οἶκος (Plur. οἶκοι) = Wohnung; — περί = um, neben, ἀντί = gegen.

Περίοικοι, **Perioeci** (perȳŏci) = **Nebenwohner** (die auf demselben Parallelkreis wohnen, aber um 180 Längengrade von einander abstehen).

Für die Mexicaner in Zacatecas (etwas südwärts vom Wendekreis des Krebses unter 84° 20' westlicher Länge von Ferro, oder 102° W. Gr.) sind die Inder in Bhopal östlich von Achmedabad (ebenfalls in der Nähe des Wendekreises, aber unter 95° 40° östlicher Länge, 78° O. Gr.) die Nebenwohner.

Ἀντίοικοι, **Antoeci** (antŏci) = **Gegenwohner** (die in gleicher nördlicher und südlicher Polhöhe unter demselben Meridian wohnen).

Es wohnen sowohl die Japanesen in Saikyo, Miyako oder Kyoto, als auch die Australier in Adelaide unter 153° östlicher Länge von Ferro (135° 20' O. Gr.), die ersteren aber unter 35° nördlicher, die anderen unter 35° südlicher Breite.

Ἀντίποδες, **Antipoden** = **Gegenfüßler** (die so wohnen, daß von den Fußsohlen der Einen nach den Fußsohlen der Anderen ein Durchmesser der Erde gezogen werden kann).

Antipoden oder Gegenfüßler sind die Bewohner von Salamanca in Spanien (unter 41° nördlicher Breite, 12° östlicher Länge, 5° 40' W. Gr.) und von Wellington auf Neu-Seeland (unter 41° südlicher Breite und 192° östlicher Länge von Ferro, 174° 20' O. Gr.).

Ὁρίζειν = begrenzen, **Horizont** ist die **Begrenzungslinie** des auf einmal sichtbaren Teils der Erde und des Himmels; — der **Zenith** (arabisch) = der **Scheitelpunkt**; der **Nadir** = der **Fußpunkt**; — vértex (lateinisch) = Scheitel: **Verticalkreis** = **Scheitelkreis**.

Σκία = Schatten; — ἕτερος = der eine (oder der andere von Zweien); — ἀμφί = von beiden Seiten, περί = um; ἄ = un...

Ἑτερόσκιοι, **Heteroscii** (heteróscii) = **Einschattige** (die ihren Schatten immer nach einer Himmelsgegend werfen, wie die Bewohner der nördlichen gemäßigten Zone nach Norden, die der südlichen gemäßigten nach Süden); — ἀμφίσκιοι, **Amphiscii** (amphíscii) = **Zweischattige** (die in der heißen Zone Lebenden werfen ihren Schatten je nach dem Stand der Sonne einen Teil des Jahres nach Norden, einen anderen Teil desselben nach Süden); — περίσκιοι, **Periscii** (períscii) = **Umschattige** (den Bewohnern jenseits der Polarkreise geht auf kürzere oder längere Zeit die Sonne nicht unter, und ihr Schatten wandelt während eines Tages rings herum); — ἄσκιοι, **Ascii** (áscii) = **Unschattige** (alle Bewohner zwischen den Wendekreisen sind dann, wann für sie die Sonne mittags im Zenith steht, Unschattige, weil sie keinen Schatten werfen).

(Revólvĕre = zurückfliegen, revolutio = Zurückwälzung, Umwälzung), **Revolution der Erde** = **Umwälzung der Erde um die Sonne**; — (ἐκλείπειν = verfinstern, ἔκλειψις = Verfinsterung): **Ekliptik** heißt die **Erdbahn** deswegen, weil Sonnen- und Mondfinsternisse nur dann eintreten können, wenn Sonne und Erde in zwei entgegengesetzten Punkten derselben sich befinden, oder wenn die drei Himmelskörper in einer geraden Linie stehen.

Sol = Sonne, nox = Nacht, nóctium (gen. plur.) = der Nächte; — (sistĕre = stillstehen), stitium = Stillstand; — aequus = gleich; vernāle = den Frühling betreffend, aestīvum = sommerlich, autumnāle = herbstlich, hībernum = winterlich.

**Solstitium** = **Sonnenstillstand**, Sonnenwende; solstitium aestivum = Sommer-Sonnenwende, solstitium hibernum = Winter-Sonnenwende; — **Äquinoctium** = (Tag- und) **Nachtgleiche**; aequinoctium vernale = Frühlings-Tag- und Nachtgleiche, aequinoctium autumnale = Herbstes-Tag- und Nachtgleiche.

Ἥλιος = Sonne; — περί = nahe bei, ἀπό = entfernt von. (Περιήλιον), **Perihelium** = **Sonnennähe**; — (ἀφήλιον) **Aphelium** = **Sonnenferne**.

(Φαίνειν = erscheinen), φάσις = Erscheinung: die **Mond-Phasen** sind die **Erscheinungen des Mondes** als Neumond, erstes Viertel, Vollmond und letztes Viertel; — conjúngere = vereinigen: **Conjunction**, **Stellung des Mondes zwischen Sonne und Erde**; — opponĕre = gegenüberstellen: **Opposition** = **Stellung des Mondes gegenüber der Erde** (Vollmond); — (συζυγεῖν = vereinigt werden), συζυγία = **Vereinigung:** — Conjunction und Opposition heißen **Syzygien, Vereinigungen** (in einer Linie); — sidus (Gen. sidĕris) = **Stern:** ein **siderischer Monat** ist der Zeitraum zwischen zwei aufeinanderfolgenden Ständen des Mondes gegen einen bestimmten **Fixstern** (er beträgt 27 Tage, 7 Stunden, 43 Min., 11,5 Sek.); — σύνοδος = **Zusammenkunft:** ein **synodischer Monat** ist die Zeit von einer **Conjunction** des Mondes mit der Sonne **bis zur nächsten** (29 Tage, 12 Stunden, 44 Min.).

Zωδίον = Thierchen, ξωδικὸς κύκλος, darnach: Zωδίακος, **Zodiacus** = **Tierkreis.**

## Zur Wiederholung.

**Weltmeer,** ὠκεανός, Ocean. — **Meer,** πόντος, pontus, sea (sī), zee (sē), mar, more, mor, hai. — **Ostsee,** Tong hai; **Südsee,** Nan hai. **Golf,** golfe (golf), κόλπος. — **Bai,** bahia (bāīa), ángra. — **Meerenge, Straße,** strait (strāt), pas (pā), sund, stāke oder stock.

**Insel,** νῆσος, isola, ísla, ílha (ilja), isle (īl), island (eiländ), ö, holm, dwīpa, arál, dschesīreh. — **Halbinsel,** χερσόνησος, Chersonēsus. **Küste,** ἄκτη, rivYéra, cósta, coast (cōst). — **Landenge,** ἰσθμός, **Isthmus,** ístmo. — **Vorgebirge.** Kap, cābo, cape (kāp), head (hed), nez (nē), nūs, sáki, ras. — Kap Landsend (ländsond), Kap Finisterre.

**Gebirge,** mountains (maunt'ns), sYérra, sérra, pȳra, balkān, dāgh, chrebét, kuh, korūm, tūr oder tūra. — **Schwarzwald,** Karadagh, Karakorum, Zwarte Berge, Black Mountains (blāk maunt'ns); Montenegro, Tschernagora. — Blue Mountains (blū maunt'ns), Nilgiri.

**Berg,** berg, ὄρος, mons, mónte, mont (mō), maunt (maunt), pen, bríga, góra oder hóra, gīri, dschebel, thābor, ndschāro, tépetl, mauna. — **Schneeberg,** Nevādo; **Schneekoppe, Schneekopf,** Snowdon (snōd'n), Crête de la Neige (krêt de la nêsch). **Mont Blanc,** Mauna Këǎ. — (Stadt) **Königsberg,** Kongsberg, Montreal.

**Strom,** kYáng, síndhu, ibárra, schatt, sambēsi. — **Fluß,** ποταμός, fYúme, ríŏ, ríver, elf (elw), aar, aha und ach, dūr, dūbra, ēbro, ho, nādi, sū, írmak, bahr, tschu, mūren; míssi, pára. — **Lauter,** Klarelf. — **Rio Branco,** Ἀσπροπόταμο, Bielaja, Pei ho, Bahr el-Abiad, Guadalaviar. — **Red River,** Rio Colorado, Kisil Irmak. — **Schwarzawa,** Rio Negro, Karasu, Amur. — **Rio Grande,** Mahanadi, Ta kiang.

See, lācus, lāgo, lake (lāk), nūr, tso, kal ober kul, nyánsa und nyássa. — Sumpf, late, ēbor, blāto, lūsa, kal.
Land, land (länd), térra, tÝérra, semljá, pon, kok, stān, belēd.
Stadt, stad, πόλις, ville (will), città und civita, cité, city (ssíttÝ), cÝŭdád, dūnum, town (taun) ober ton, górod, pátna, pūra, nāger, abād, schehr (schēchr), medīne, kart ober kert. — Pura, Cirta. — Neustadt, Nystad, Νεάπολις (Neapel, Napoli), Nabulus, Villeneuve, Nowgorod, Karthago. — Παλαίπολις, Eskischehr. — Glückstadt, Srinager.
Burg, borg (bórj), castle (kūsl), grad ober gard, kond. — Burg, Zion. — Altenburg, Oldenburg, Stargard. — Neuburg, Neuenburg (Neuchâtel), Naumburg, Nyborg, Newcastle, Neokastro. — Weißenburg, Belgrad, Belgard. — Mecklenburg, Megalokastro. — Schlüsselburg, Chiavenna.
Hafen, haven (hāv'n), havn, havro (aw'r), ὅρμος, pórtus, pórto, pŭérto, port. — Oporto, Le Havre. — Newport, Newhaven.
Furt, ford, πόρος, bróda, tsin. — Furth, Fürth, Brody, Deutsch Brod, Böhmisch Brod, Tapsacus. — Ochsenfurt, Oxford.
Bruck, Alcantara. — Münster, Monastir. — Einsiedeln, Eremitage.
Weingarten, Önophyta. — Stein, Kammin. — Elmina, Almaden. — Brunnen, Beirut. — Baden, Bath. — Santa Cruz, St. Crois. — Sanssouci, Buitenzorg. — Nicäa, Nizza, Vitoria, Victoria.
Karlstad, Charleston. — Nicolaistad, Nicolajefsk. — Friedrichshafen, Frederikshavn. — Alexandria, Alessandria, Alexandrofsk, Iskenderun (Alexandrette).
Ost, east (īst), ἀνατολή, levánte, wōstók, tong, to. — Süd, south (sauth), zuider (seudĕr), sŏdor, midi, nun. — West, west (ŭést), ἑσπέρα, ponénte, gharb, si, sai. — Nord, north (north), nor, nórte, pē.

## Aussprache geographischer Namen.

### I. In geographischen Namen lautet:

- a wie ă: Stade, Capri, etc.
- „ á: Halle, Cardiff
- „ ā (englisch): Avon
- „ á „ Glasgow
- „ ă „ Kap Lizard
- „ å „ Cornwall
- ä wie ā (französ.): Châlons
- ä „ å (schwedisch): Torneå
- ua „ ā (deutsch): Naab
- „ „ å (dänisch): Laaland
- ae „ ā (holländ.): Schloß Laeken
- ah „ ā (deutsch): Nahe

- e wie ĕ: Bremen, Toledo
- „ é: Lech, Iremel
- „ ĭ (englisch): Ben Nevis
- „ í „ Cheviot
- „ je (russisch): Onega
- è wie ē (französ.): Isère
- é „ é „ Grénoble
- ee „ ē (deutsch): Schneeberg
- „ „ ĭ (englisch): Greenock

- i wie ī: Berlin, Nîmes
- „ i: Tilsit, Rimini
- „ ei (englisch): Brighton
- „ ŏ „ Birmingham
- ie wie ī (deutsch): Liegnitz
- „ Ié: Trient, Dieppe

- o wie ŏ: Oder, Verona
- „ ó: Goslar, Grodno
- „ ă (russisch): Oka
- „ ŭ (portug.): Rio Branco

- ô wie ŏ (französ.): Drôme
- oe „ ŏ (niederdeutsch): Soest
- „ „ (dänisch): Roeskilde
- „ ū (holländ.): Broek
- oo „ ō (deutsch): Moosburg
- „ ū (englisch): Holyrood

- u wie ū: Uri, Jura
- „ ú: Fulda, Lucca
- „ û (französ.): Tulle
- „ „ (holländ.): Utrecht
- „ ŏ (englisch): Humber

- Ä wie ä: Jägerndorf
- „ á: Kärnten

- Ö wie ö: Königsberg, Röraas
- „ ö: Görlitz, Gyöngyös
- ô wie ŏ (ungar.): Körös

- Ü wie ü: Tübingen
- „ ú: Glückstadt

- *y wie ü, i: Olynth, Sala y Gomez
- „ j: York, Yonne, Tokyo
- „ ei (englisch): Clyde
- „ „ (holländ.): Yssel

- ai wie ai: Krain, Laibach
- ai (u. ay) wie ä (französ.): Calais, Douay
- „ „ (englisch): Paisley

- au wie au: Drau, Plauen
- „ ŏ (französ.): Aube
- „ å (englisch): Auckland

**ei** wie ei: **Leipzig, Leiden**
„ é (englisch): Leinster
**ey** „ ĕ „ Mersey

**eu** wie eu: **Neustadt**
„ ŏ (französ.): Creuse
„ „ (holländ.): Leeuwarden
*__ea__ wie ī (englisch): Eastend
„ ē „ Great Grimsby
**eau** „ ŏ (französ.): Bordeaux
**ew** „ jū (englisch): Newport
**oi** „ eu „ Detroit
„ oa (französ.): Blois
**oy** „ „ „ Troyes

**b** wie b: **Bamberg, Bender**
„ w (spanisch): Cordoba

**c** wie k: **Cremona, Coblenz**
„ z (polnisch): Pilica
vor e, i wie „ (deutsch): Celle
„ „ (latein.): Circesium
**c** vor eu, i: ſs (französ.): Cette
„ „ (portug.): Cintra
„ „ (englisch): City
„ tsch (italien.): Toce
**ç** v. a, o, u: ſs (französ.): Besançon
„ (portug.): Açoren
**ci** „ tsch (italien.): Mincio
**cs** wie tsch (ungar.): Mohacs
**cz** wie tz „ Debreczen

**ch** wie ch: **Hochkirch, Charkof**
im Anlaut wie k: Cham, Christchurch
vor e u. i „ k (italien.): Chiana
wie sch (französ.): Châlons
„ „ (portug.): Funchal
„ tsch (spanisch): Elche
„ (englisch): Churchill

**d** wie d: **Danzig, Dublin**
**dg** wie dsch (englisch): Cambridge

**f** wie f: **Fürth, Fiume, Kief**
„ w (schwedisch): Gefle

**ou** wie ū (französ.): Tours
„ au (englisch): Ouse
„ „ (holländ.): Oudenaarde
**ow** „ au (englisch): Tower
„ o „ Snowdon
**ui** „ eu (holländ.): Zuider Zee
**__an, am, en__ wie ā: Le Mans, Cambray, Rouen
**on, om, āo** wie ŏ: Honfleur, Compiègne, Curaçāo
**ain, in, äe, em** wie ä: Saint Cloud, Indre, Magalhāes-Straße, Alemtejo
**un** wie ö: Verdun

**g** wie weich. k: **Gotha, Glasgow**
„ „ ch (deutsch): Burg
wie „ (spanisch): Gerona
„ „ (holländ.):'sHertogenbosch
„ j (schweb.): Göteborg
wie weich. sch (französ.): Bourges
„ (portug.): Minas Geraes
**ge** wie dsch (englisch): Georgetown
**gi** vor a, o, u: dsch (ital.): Reggio
**gu** vor e, i: g (englisch): Guernsey
„ (französ.): Perigueux
„ (portug.): Benguela
**gy** wie dj (ungar.): Magyar
**gl** „ lj (italien.): Oglio
**gn** „ nj „ Bologna
„ (französ.): Cognac

**h** wie h: **Halle, Halifax**
wie weich. ch (arab.): Bahr el-Abiad
**h** ist stumm (spanisch): Habana
„ „ (portug.): Bahia
„ „ (französ.): Havre

**j** wie j: **Jena, Jakutsk**
wie ch (spanisch): Tajo
wie weich. sch (französ.): Anjou
„ „ (portug.): Tejo
„ dsch (englisch): Jersey

Aussprache geographischer Namen. 85

k wie k: **Karlsbad, Kasan**

l wie l: **Linz, Le Locle**
ll wie lj (spanisch): **Mallorca**
   (l)j (französ.): **Roussillon**
lh „ lj (portug.): **Kap Agulhas**

m wie m: **Mainz, Moskau**

n wie n: **Naab, Narva**
ñ wie nj: (spanisch): **La Coruña**
nh „ „ (portug.): **Minho**

p wie p: **Prag, Perm**
ph wie f: **Philadelphia**

q wie k: **Queensland**
qu wie kw: **Queifs, Qualö**
   k (französ.): **Quatrebras**
vor e, i: „ (spanisch): **Quito**
   „ (portug.): **Kap Roque**

r wie r: **Ruhr, Rovereto**
rh wie r: **Rhein, Rhodus**

s wie s: **Saale, Severn**
   wie sch (ungar.): **Maros**
am Schluß: „ (portug.): **Elvas**
sch wie sch: **Schweiz, Schitomir**
  „ s-ch (holl.): **Scheveningen**
sh „ sch (englisch): **Sheffield**

ß wie fs: **Strafsburg, Stafsfurt**
sz „ ss (ungar.): **Szamos**

t wie t: **Trier, Toledo**
t in tia, tio: z: **Rhätia**
th wie t: **Thorn**
 „ englisch th: **Firth of Forth**

v wie f: **Verden, Venlo**
„ w (italienisch): **Verona**
„ „ (spanisch): **Navarra**
„ „ (portugies.): **Algarve**
„ „ (französ.): **Verdun**
„ „ (englisch): **Dover**
„ „ (dänisch): **Thorshavn**

w wie w: **Wien, Wolga**
„ u (englisch): **Wales**

x wie x: **Xanten**
„ ch (spanisch): **Mexico**
„ sch (portug.): **Xingu**
„ ss (holländ.): **Texel**

z wie z: **Zürich, Spezzia**
„ s (span. Amer.): **Vera Cruz**
„ „ (portugies.): **Kap Lopez**
„ „ (ungarisch): **Zenta**
„ weich. s (französ.): **Azincourt**
„ „ (englisch): **Ozark-Berge**
„ „ (holländ.): **Zaandam**

II. In geographischen Namen wird bezeichnet:

ā durch a: **Stade, Capri** etc.
„ à (französ.): **Châlons**
„ aa (deutsch): **Naab**
„ ae (holländ.): **Schloß Laeken**
„ ah (deutsch): **Nahe**

á u. ă durch a: **Halle, Kasan**
„ o (russisch): **Oka**

ē durch e: **Bremen, Toledo**
„ è (französ.): **Isère**
„ ee (deutsch): **Schneeberg**
„ ea (englisch): **Great Grimsby**

é u. ĕ durch e: **Leoh, Iremel**
„ é (französ.): **Grénoble**
„ ei (englisch): **Leinster**

## Aussprache geographischer Namen.

ī durch i: **Berlin, Nimes**
" ie (deutsch): Liegnitz
" ea (englisch): Eastend
" ee " Greenock

í u. ĭ durch i: **Tilsit, Rimini**

ō durch o: **Oder, Verona**
" ô (französ.): Drôme
" au " Aube
" eau " Bordeaux
" oe (nied'dtsch): Soest
" " (dänisch): Roeskilde
" oo (deutsch): Moosburg

ó u. ŏ durch o: **Goslar, Grodno**

ū durch u: **Url, Jura**
" oe (holländ.): Broek
" oo (englisch): Holyrood
" ou (französ.): Tours

ú durch u: **Fulda, Lucca**
ŭ durch o (portug.): Rio Branco
" w (englisch): Wales

ǟ durch ä: **Jägerndorf**
" a (englisch): Avon
" ai " Paisley
" " (französ.): Calais
" ay " Douay

ā, ǟ durch ä: **Kärnten**
" a (englisch): Glasgow
" " " Kap Lizard

ȫ durch ö: **Königsberg, Röraas**
" ő (ungar.): Kőrös
" eu (französ.): Creuse
" " (holländ.): Leeuwarden

ő, ȫ durch ö: **Görlitz, Gyöngyös**
" i (englisch): Birmingham
" u " Hull

ǖ durch ü: **Tübingen**
" y (schwedisch): Ystad

ű durch ü: **Glückstadt**
" u (französ.): Tulle
" " (holländ.): Utrecht

ai durch ai: **Krain, Laibach**

au durch au: **Augsburg, Plauen**
" ou (englisch): Ouse
" " (holländ.): Oudenaarde
" ow (englisch): Tower

ei durch ei: **Leipzig, Leiden**
" i (englisch): Brighton
" y " Clyde
" " (holländ.): Yssel

eu durch eu: **Neustadt**
" oi (englisch): Detroit
" ui (holländ.): Enkhuisen

*å durch å (schwedisch): **Torneå**
" u (englisch): Cornwall
" aa (dänisch): Laaland
" au (englisch): Auckland
" aw " Cawdor

**å durch an (französ.): Le Mans
" am " Cambray
" en " Rouen

ŏ durch on (französ.): Honfleur
" om " Compiègne
" ão (portug.): Curação

ä durch ai (französ.): Saint Cloud
" (i)en " Amiens
" in " Indre
" ão (portug.): Magalhães=Str.
" em " Alemtejo

ȫ durch un (französ.): Verdun

Aussprache geographischer Namen. 87

b durch b: **Bamberg, Bender**

ch durch ch: **Hochkirch, Charkof**
„ g (spanisch): Gerona
„ " (holl.): 'sHertogenbosch
„ j (spanisch): Tajo
„ *x „ Mexico
ch weich durch h (arab.): Bahr el-Abiad

d durch d: **Danzig, Dublin**
dsch d. dg (englisch): Cambridge
„ g (italien.): Magenta
„ ge (englisch): Georgetown
„ gi „ Reggio
„ j „ Jersey
*di „ gy (ungar.): Magyar

f durch f: **Fürth, Fiume, Kief**
„ v (deutsch): Verden
„ " (holländ.): Venlo
*durch ph: Philadelphia

g durch g: **Gotha, Gargano**
„ gh (italien.): Ghetto

h durch h: **Halle, Halifax**

j durch j: **Jena, Jakutsk**
„ y: York, Yonne, Tokyo
je „ e (russisch): Onega
ju „ ew (englisch): Newport

k durch k: **Karlsbad, Kasan**
„ c⎫(lateinisch): Capua
(vor a, o, u)⎭ (deutsch): Cottbus
„ " (italienisch): Como
„ " (spanisch): Escorial
„ " (portugies.): Kap Branco
„ " (englisch): Cork
„ ch⎫ (deutsch): Chemnitz
im Anlaut⎭ (englisch): Christchurch
„ " (dänisch): Christiania
*(vor e, i) ch (italienisch): Chiana

k durch qu (französ.): Quatrebras
(vor e, i) „ (spanisch): Quito
„ " (portugies.): Kap Roque
kw durch „ (deutsch): Queifs
„ " (schwedisch): Qualö

l durch l: **Linz, Le Locle**
lj durch gl (italien.): Oglio
„ lh (portug.): Kap Agulhas
„ ll (spanisch): Mallorca
„ (l)j (französ.): Roussillon

m durch m: **Mainz, Moskau**

n durch n: **Naab, Narva**
nj durch gn (italien.): Bologna
„ " (französ.): Cognac
„ ñ (spanisch): La Coruña
„ nh (portug.): Minho

p durch p: **Prag, Perm**

r durch r: **Ruhr, Rovereto**
„ rh (griechisch): Rhodus
„ " (deutsch): Rhein

s durch s: **Saalfeld, Severn**
„ z (span. Amer.): Veracruz
„ " (portugies.): Kap Lopez
„ " (ungarisch): Zenta
s(weich) d. z (französisch): Azincourt
„ " (englisch): Ozark-Berge
„ " (holländisch): Zaandam
s(scharf) d. fs (deutsch): Stafsfurt
„ sz (ungarisch): Szegedin
„ x (französisch): Auxerre
„ " (holländisch): Texel
durch c⎱(span. Amer.): Asuncion
vor e, i⎰ (portugies.): Cintra
„ (französisch): Cette
„ (englisch): City
durch ç⎱ (französisch): Besançon
vor a, o, u⎰ (portugies.): Açoren

sch durch sch: Schweiz, Scheksna
„ s (ungar.): Maros
(am Schluß) „(portug.): Elvas
durch ch(franzöf.): Châlons
„ „(portug.): Seychellen
„ sc(italien.): Brescia
„ sh(englisch): Sheffield
„ x(portug.): Xingu
*sch(welch)d.j (franz.): Anjou
„ „(portug.):Tejo
„ gl(franz.):MontGenèvre
(vor e, i)J (port.): Minas Geraes

t durch t: Trier, Toledo
„ th: Thasos, Thorn, *Thomse
tsch durch c (italien.): Toce
„ ci „ Mincio
„ ch(spanisch):Elche
„ „ (englisch): Churchill
„ cs (ungar.): Mohacs

w durch w: Wien, Wolga
„ b (spanisch): Cordoba

w durch f (schweb.): Gefle
„ v (latein.): Beneventum
„ „ (italien.): Verona
„ „ (spanisch): Navarra
„ „ (portug.): Algarve
„ „ (franzöf.): Verdun
„ „ (englisch): Dover
„ „ (dänisch): Thorshavn

x durch x: Xanten

z durch z: Zürich, Spezzia
„ c (polnisch): Pilica
(vor e, i) „ (deutsch): Celle
„ „(lateinisch): Circesium
*z (scharf) d. tz (deutsch): Toplitz
„ cz (ungar.): Debreczen
zi durch ti (latein.): Rhätia

*Englisch th: Firth of Forth
durch c (spanisch): Murcia
„ z „ Zaragoza

---

*S. 9: Brescia (bréscha); — S. 25: Stonehouse; — S. 28: Blaavands Huk;
— S. 31: Ustjug; — S. 43: Mündung des Om in den Irtisch; — S. 48, §. 1 v. o.
nila = blau.

Druck von Hesse & Becker in Leipzig.